DidactiRed

Gestión de clase

Instituto Cervantes

Proyecto editorial
Centro Virtual Cervantes y Equipo de Ediciones SM

Coordinación de contenidos
Marta Higueras García

Coordinación editorial
Pilar García

Edición
Julia Fernández Valdor

Diseño
Cubierta: Alfonso Ruano y Julio Sánchez
Interiores: Estudio SM

Maquetación
Equipo SM

Dirección editorial
Pilar García

Comercializa
Para el extranjero:
Grupo Editorial SM Internacional
Impresores, 15 - Urb. Prado del Espino
28660 Boadilla del Monte - Madrid (España)
Teléfono: (34) 914228800
Fax: (34) 914226109
internacional@grupo-sm.com

Para España:
Cesma, SA
Joaquín Turina, 39
28044 Madrid
Teléfono: 902121323
Fax: 914286594
clientes.cesma@grupo-sm.com

© Instituto Cervantes - Ediciones SM
NIPO: 503-06-017-X
ISBN: 84-675-1007-2
Depósito Legal: M-36.830-2006
Impreso en: HUERTAS I.G., S.A. Fuenlabrada (MADRID)

Gestión de clase

Índice

Gestión de clase

⊂Prólogo

DidactiRed (http://cvc.cervantes.es/aula/didactired) es una sección del Centro Virtual Cervantes (CVC) en la que se publican actividades para la clase de Español como lengua extranjera y Español como segunda lengua, actividades de reflexión para el profesor y técnicas para mejorar su práctica docente. Todas, cerca del millar, se recogen y están clasificadas en **Didactiteca**, el archivo virtual de esta sección, que permite combinar criterios de búsqueda y ofrece un resumen y una ficha de cada una de estas propuestas. En la actualidad **DidactiRed** es una sección semanal, pero en su momento fue también de actualización diaria. Seis años más tarde del comienzo de su publicación en Internet, se ofrece ahora una selección de casi quinientas actividades en esta colección en formato papel, integrada por seis volúmenes.

El proyecto surgió para dar respuesta a la demanda de material didáctico de los profesores de español y como sección análoga a **Rinconete** y **Trujamán**, que abordan, también desde entonces, textos breves sobre cultura y traducción respectivamente. Pronto empezaron a notarse las diferencias con esos otros proyectos. Al principio las actividades de **DidactiRed** tenían la intención de ofrecer una pincelada rápida, una idea, una sugerencia, un consejo, un truco o una técnica aplicables a varios contenidos y que no sobrepasaran la extensión de una página, que resultaba la más apropiada para una lectura en pantalla. Con el tiempo, la repercusión del proyecto obligó a una serie de cambios, pues los usuarios habitualmente imprimían las actividades y las leían detenidamente con posterioridad. Por esa razón, los materiales se fueron ampliando considerablemente hasta alcanzar una extensión media de cinco páginas de papel, y se comenzaron a proporcionar todas las fichas de trabajo que eran necesarias para que el alumno realizara la actividad, con el fin de que así el profesor las pudiera llevar directamente al aula. En esta colección se han escogido casi quinientas actividades únicamente de la primera etapa del proyecto, es decir, del 1 de marzo de 2000 hasta el 31 de marzo de 2003; pero incluso en ese periodo se observa esa evolución en extensión y uniformidad que aporta a **DidactiRed** la viveza y la heterogeneidad propias de una obra en construcción y constante mejora.

Los criterios empleados para esta selección han sido varios: por supuesto, la novedad, la originalidad y la posibilidad de aplicación en el aula que caracterizan a todo el proyecto, así como el intento de que todos los apartados tuvieran alguna actividad representativa. Este último criterio ha obligado a tomar difíciles decisiones y a realizar una selección entre todas las actividades. Por ello, sugerimos que se consulte el fichero virtual para encontrar otras propuestas igualmente útiles y valiosas referidas a cada contenido. Además, el paso de la edición virtual a la edición en papel y el tiempo transcurrido desde que arrancó la sección han implicado la adopción de otro criterio: la vigencia, tanto en las remisiones a páginas de Internet, como en las informaciones socioculturales de algunas propuestas o en lo referido al propio conocimiento del mundo. ¿Podemos recomendar una actividad que se basa en series de televisión emitidas hace años? ¿Tiene sentido en la actualidad enseñar a buscar información en Internet? Por otra parte, al llevar al papel estas propuestas, creadas para su lectura hipertextual en Internet, ha sido preciso incluir con cada actividad los materiales a los que antes se accedía por medio de enlaces e introducir ciertas aclaraciones que proporcionaran al lector el contexto claro que antes aportaba el formato virtual. También se han actualizado datos y se han propuesto nuevos enlaces cuando las páginas de Internet recomendadas habían caducado o desaparecido de la red. Los textos están adaptados normativamente a las novedades ortográficas de la Real Academia Española y unificados según criterios ortotipográficos básicos, si bien se han respetado los rasgos de estilo propios de cada autor, dado que son actividades firmadas.

La colección de **DidactiRed** sigue la clasificación del *Marco común europeo de referencia para las lenguas: aprendizaje, enseñanza, evaluación* y, más concretamente, se ha basado en los apartados que pueden consultarse en el índice de **Didactiteca** (http://cvc.cervantes.es/aula/didactired/didactiteca/indice.htm). La mayoría de las actividades abordan distintos contenidos, sin embargo, ha sido preciso incluirlas en uno u otro volumen. En cualquier caso, para comprobar qué otros contenidos se trabajan en cada una de estas quinientas propuestas, sugerimos que se consulte la base de datos de **Didactiteca** en el CVC.

En estos seis volúmenes se han tratado las competencias de la lengua (en los tres primeros), las competencias generales (en el cuarto), las actividades de la lengua y estrategias (en el quinto) y la gestión de clase (en el sexto y último).

El primer volumen está dedicado a la gramática y los aspectos pragmático-discursivos. Se ocupa de los principales problemas gramaticales del español (la conjugación y el uso de tiempos verbales, el estilo indirecto, el subjuntivo, las preposiciones, los pronombres, la alternancia entre *ser* y *estar*...) y de algunos de los más destacados de la competencia pragmática (deixis, elementos no verbales y paraverbales del discurso, lo implícito y explícito, coherencia, cohesión, adecuación y orden de las palabras).

El segundo volumen propone actividades de léxico y de aspectos sociolingüísticos. Dedica atención a la formación de palabras, al léxico de las lenguas especializadas y a los distintos tipos de unidades léxicas, y recoge propuestas que trabajan nociones específicas (casa y hogar, comidas y bebidas, el cuerpo y la salud, la familia...). En cuanto a los aspectos sociolingüísticos, se reflexiona sobre las diferencias de registro, las normas de cortesía, las variedades del español, las expresiones populares y los marcadores lingüísticos, contenidos que guardan estrecha relación con el léxico.

El tercer volumen de las competencias de la lengua versa sobre funciones y fonética. Integra actividades de dos contenidos bien diferenciados: funciones (control de la comunicación oral, expresión de actitudes y estados intelectuales, información general, organización del discurso, persuasión y usos sociales), junto con actividades que abordan aspectos fonológicos, fonéticos, ortográficos, ortoépicos y prosódicos (correspondencia entre grafías y sonidos, el acento, la entonación, los fonemas...).

El cuarto volumen de la colección es el de las competencias generales, un tema de enorme actualidad sobre el que ya se habían publicado gran cantidad de materiales desde el comienzo de la sección. Aquí encontraremos actividades sobre el conocimiento del mundo (historia, arte, literatura, geografía...); el conocimiento sociocultural (comportamiento ritual, lenguaje corporal, vida cotidiana...); las destrezas y habilidades interculturales (abordar y superar malentendidos socioculturales, desarrollar estrategias para contactar con personas de otras culturas, superar estereotipos...); la competencia existencial (desarrollar actitudes que favorezcan el aprendizaje, aumentar la motivación y la autoestima, la pertenencia al grupo...); y, por último, la capacidad de aprender a desarrollar destrezas de descubrimiento y análisis y destrezas de estudio.

El quinto libro tiene por objetivo presentar actividades de la lengua y estrategias. Están clasificadas en dos grupos según la actividad comunicativa predominante: orales (comprensión, expresión e interacción) y escritas (comprensión, expresión, interacción y mediación).

Por último, el sexto volumen aborda la gestión de clase. Ofrece reflexiones para la autoformación del profesor de español y sugerencias sobre aspectos clave en su tarea docente: el proceso de adquisición de una lengua no nativa, técnicas de evaluación, instrumentos para planificar las clases, para negociar con los alumnos, para repasar, para dinamizar las sesiones, para tratar los errores o para usar los espacios, medios y recursos.

DidactiRed es fruto de una intensa y estrecha labor de equipo y por ello damos las gracias a todas las personas que han hecho posible tanto el proyecto virtual como el que ahora está entre sus manos. Confiamos en que el resultado esté a la altura de las expectativas del profesor de español, a quien va dirigida y dedicada esta obra conjunta.

Marta Higueras García
Centro Virtual Cervantes
Instituto Cervantes

CIntroducción

El último volumen con el que se cierra la colección de DidactiRed, titulado *Gestión de clase*, recoge una serie de técnicas que permiten gestionar eficazmente tanto los recursos de los que dispone el profesor —espacios, medios y planes de clase— como sus propios conocimientos para realizar tareas propias de la práctica docente —el diseño de cursos, la descentralización de las sesiones, la incorporación de actividades lúdicas, el empleo de dinámicas de aula, la evaluación de los alumnos, la negociación, el repaso, el tratamiento del error o la reflexión sobre el proceso de adquisición de una lengua—.

En la concepción de la presente obra parecía excesivo incorporar la clasificación completa que hay expuesta en Didactiteca (http://cvc.cervantes.es/aula/didactired/didactiteca), el archivo virtual donde se encuentran todas las actividades de DidactiRed; por lo tanto, se ha optado por una simplificación en el título y en la presentación de los apartados de este libro. Este volumen ofrece una selección representativa de las propuestas que aparecen en el apartado «Técnicas docentes y de reflexión para el profesor» de Didactiteca concretada en setenta y ocho actividades, algunas de las cuales remiten al mismo volumen, a otros volúmenes de la colección o a Didactiteca.

Con el fin de facilitar su manejo se han creado dos índices: un índice de apartados y un índice de actividades que incluye el nombre de todos los autores y que aparece al final del libro.

Tanto la organización de los apartados como de las actividades sigue un orden alfabético; excepto en el caso del apartado Negociación que, por integrar una serie de actividades consecutivas y relacionadas, se ha publicado siguiendo un orden interno de contenido. También es importante saber que en ocasiones se ha eliminado la mención al nivel de dominio de la lengua de los alumnos por tratarse de propuestas para todos los niveles, y se ha mantenido solo cuando era una información relevante y específica. No obstante, en este volumen se recogen propuestas para todos los niveles y para distintos destinatarios.

Esta obra, además de ofrecer una visión de conjunto de la gestión de clase, pretende profundizar en los dieciséis apartados elegidos. Las setenta y ocho actividades planteadas persiguen dos objetivos: en primer lugar, fomentar la reflexión sobre el proceso de enseñanza, aprendizaje y adquisición de una lengua con actividades que guían al lector y que ofrecen pautas y propuestas para la autoformación. En segundo lugar, ofrecer propuestas prácticas para llevar a cabo esas ideas en el aula. El equilibrio entre teoría y práctica hacen de este volumen una valiosa herramienta para el profesor de español.

M. H. G.

⊂Actividades lúdicas

DIEZ INDICIOS PARA UN ENIGMA

Gabriela Arribas Esteras
Elena Landone

Clasificación

Apartado: Actividades lúdicas

Destinatarios: Jóvenes y adultos

Tipo de agrupamiento en clase: Grupos de 5 ó 6 personas

Preparación

Tiempo de preparación: Ninguno

Recursos: Ninguno

Duración de la actividad en clase: 30 minutos

Descripción

Se trata de pensar en algo difícil de adivinar: un personaje famoso, un monumento, un cuadro, etc., y confeccionar una lista de diez indicios de mayor a menor dificultad. El profesor puede explicarlo mejor proponiendo él un enigma a la clase y leyendo los diez indicios siempre en orden de dificultad descendente.

Proponemos ahora como ejemplo un enigma que inventó mi grupo: pensamos en el museo Guggenheim de Bilbao. El indicio más fácil, es decir el décimo, era este:

> Se trata del último gran museo que se ha levantado en Bilbao.

El primer indicio era mucho más difícil:

> Su «padre» murió ahogado en el Titánic.

Cuanto más extraños y originales sean los primeros indicios, más posibilidades hay de que un grupo gane la competición.

Se divide la clase en grupos de cinco o seis personas y pedimos que empiecen a jugar ellos. Cuando hayan pensado su propio enigma y confeccionado su lista de diez indicios, cada grupo los irá leyendo en voz alta a los demás. Gana el grupo con el enigma más difícil, es decir, el que más indicios ha tenido que leer para que los otros grupos lo adivinen.

Comentarios

Esta actividad está adaptada, con cambios, del libro para la enseñanza del inglés: VV. AA: *Who Knows*?, Nelson, Hong Kong, 1990.

Esta actividad también es útil para enseñar aspectos culturales, si decidimos imponer la condición de que piensen en un enigma referente a la cultura hispana, es decir, cualquier personaje histórico, ciudad, monumento etc., del ámbito español o hispanoamericano.

EL ANIMAL QUE LLEVO DENTRO (Juego psicológico)

Gabriela Arribas Esteras
Elena Landone

Clasificación

Apartado: Actividades lúdicas

Nivel: A2 Plataforma (Inicial)

Destinatarios: Jóvenes y adultos

Tipo de agrupamiento en clase: Individual

Preparación

Tiempo de preparación: Ninguno

Recursos: Ninguno

Duración de la actividad en clase: 15 minutos

Descripción

Para aprovechar el último cuarto de hora o un rato muerto durante la clase el profesor puede añadir unas gotas de humor proponiendo este juego psicológico, que tantas veces hemos usado fuera del aula.

El profesor pide a los alumnos que apunten en un papel las imágenes mentales que van a ir sugiriéndoles seis palabras que va a decir. Las dice y deja un minuto para que escriban la imagen sugerida. Las palabras son: *mono, gato, perro, mar, muro* y *taza de café.*

Cada alumno anota individualmente lo que quiere y después, hay una puesta en común. Uno a uno los alumnos van diciendo lo que apuntaron tras escuchar la palabra *mono*, después el profesor les dice lo que significa su asociación mental, como si de un psiquiatra se tratara.

Las soluciones son las siguientes:

- El **mono:** cómo te ven los demás.

- El **gato:** cómo quisieras ser.

- El **perro:** cómo eres realmente.

- El **mar:** para ti la vida es…

- El **muro:** para ti la muerte es…

- El **café:** para ti el sexo es…

Comentarios

Otra variante es que el profesor lea la interpretación y que, después, los que quieran comenten lo que habían escrito y si piensan que se ajusta a la realidad; de esta forma evitamos que alguien revele involuntariamente datos personales que quizá le habría gustado no compartir.

JUEGOS CON CARTAS

Nieves Alarcón Moreno

Clasificación

Apartado: Actividades lúdicas
Nivel: A2 Plataforma (Inicial)
Destinatarios: Jóvenes y adultos
Tipo de agrupamiento en clase: Individual o grupos pequeños

Preparación

Tiempo de preparación: 5-10 minutos
Recursos: Regletas de colores
Duración de la actividad en clase: 5-10 minutos

Descripción

A continuación se presentan distintas propuestas y técnicas para realizar actividades de contenidos léxicos y gramaticales con el apoyo visual de tarjetas con imágenes.

1. Juego de memoria con vocabulario

El objetivo es fijar mejor el nuevo vocabulario, sin tener que pasar por la traducción a la lengua materna de los estudiantes. Se trata de una dinámica que puede servir para estudiantes de nivel inicial, intermedio o avanzado dependiendo del vocabulario elegido.

Se trabaja como en un juego de memoria normal: las cartas aparecen boca abajo y ordenadas en dos columnas y, volviéndolas por turnos, los alumnos tienen que conseguir el mayor número de parejas posible. En una columna se colocan las cartas que incluyen dibujos de objetos o acciones (también se puede hacer con fotografías) y en la otra se disponen las tarjetas donde están escritas las definiciones correspondientes.

Puede trabajarse con cartas, tarjetas, o láminas con dibujos claros y motivadores o también con fotografías. Los motivos pueden ser más o menos infantiles según la edad de los estudiantes.

Se recomienda mezclar los campos semánticos: ropa, comida, transporte, animales, partes del cuerpo, acciones verbales...

El vocabulario del tipo *pan, vaca, mano, correr...* convendría usarlo en grupos de nivel inicial, pero se pueden emplear dibujos de otros conceptos (patillas, gazpacho, escalar, agujero...) con grupos de niveles más avanzados. Incluso también se pueden usar imágenes que representen, por ejemplo las preposiciones.

2. Juego de memoria de formas verbales

El objetivo de esta actividad es fijar y repasar las formas verbales, visualizando los infinitivos, lo cual es muy útil en niveles bajos. Dependiendo del tiempo verbal elegido en cada caso, la actividad se podrá realizar con grupos de nivel inicial, intermedio, avanzado o incluso superior.

Los pasos de los que consta la actividad coinciden con los explicados en el ejemplo anterior, pero ahora en una columna se ponen dibujos de acciones, verbos (en infinitivo) y en la otra sus correspondientes formas: presentes, participios, indefinidos, subjuntivos... según el aspecto gramatical que se quiera abordar. Se trata, igualmente, de hacer parejas, en este caso, relacionadas por el contenido gramatical.

Esta actividad se puede emplear para fijar, repasar o introducir paradigmas y formas verbales. En grupos de nivel inicial, con esta técnica se pueden trabajar el presente de indicativo o los participios pasados (que los alumnos van a necesitar para la construcción del pretérito perfecto y de todos los tiempos compuestos del español). En grupos de nivel intermedio, se pueden practicar las formas de todos los tiempos pasados del indicativo (imperfecto, indefinido...).

En grupos de nivel avanzado, se puede utilizar para revisar o consolidar los tiempos de subjuntivo, por ejemplo.

Esta dinámica se puede usar en cualquier momento de las prácticas verbales. O tenerla siempre como «comodín», por si se necesita una práctica adicional en algún momento.

3. Género de sustantivos

El objetivo de esta actividad es la clasificación de los sustantivos según su género, en masculino o femenino.

Dependiendo del vocabulario elegido, la actividad se podrá hacer en grupos de diferentes niveles. Pero se recomienda usar, en grupos de nivel inicial, vocabulario básico (leche, coche, agua...). En clases de nivel avanzado o superior, se puede proponer vocabulario de objetos como cremallera, alicate...

Se juega por turnos. Se reparten las tarjetas entre todos los alumnos y ellos tienen que separar todos los dibujos y colocarlos en la columna adecuada, la correspondiente al género masculino (el) o al femenino (la).

Se recomienda poner un lazo o cuerda para separar visualmente las dos columnas y trabajar con dibujos que representen términos como estudiante, águila... En este caso, los alumnos deberán decidir en qué columna deben situarlos. Una solución es que los pongan en medio de las dos, encima de la cuerda.

Durante la actividad, se puede hacer una reflexión en clase sobre la inutilidad de traducir de otras lenguas los géneros de los sustantivos, pues raramente coinciden.

4. Las tres conjugaciones

El objetivo de esta actividad es llamar la atención de los alumnos sobre la existencia de la terminación del infinitivo en español para cada una de las conjugaciones. Se trata de una dinámica dirigida a estudiantes de grupos de nivel inicial.

El funcionamiento sería igual que en la actividad anterior. Ahora hay tres columnas, encabezadas por las tarjetas: -ar / -er / -ir. Los dibujos que aparecen en las tarjetas representan verbos (como los del juego de memoria de verbos). Los estudiantes deben situarlos en la columna adecuada. Se recomienda introducir más tarjetas con dibujos alusivos a verbos de la primera conjugación, pues realmente es la más numerosa.

Es una actividad increíblemente efectiva pues permite que los alumnos fijen visualmente a qué conjugación pertenece cada verbo, por ello es muy importante elegir verbos de uso frecuente (hablar, comer, dormir...).

5. Vocabulario y situación

El objetivo es adquirir nuevo vocabulario referido a objetos y situaciones.

Se colocan tarjetas con dibujos, por ejemplo una copa, una tarta, unos guantes, un elefante... por distintos lugares de la clase. Se dan unos temas como, por ejemplo: cumpleaños, reunión de negocios, viajes... y los alumnos tienen que elegir tres objetos referentes a un tema y los otros deben adivinar en qué tema está pensando. Después cada alumno explica por qué ha elegido esos tres objetos y no otros.

De nuevo, los dibujos seleccionados determinarán el nivel del grupo para el que puede resultar adecuada esta actividad. El número de alumnos recomendado para que funcione bien esta dinámica es de tres a seis.

En esta actividad (y en la siguiente) se pueden usar tarjetas con dibujos del estilo de las imágenes de los libros usados en educación infantil (diccionarios en imágenes). En las tarjetas, las imágenes pueden ir solas o ir acompañadas del vocabulario correspondiente.

6. Vocabulario y uso

El objetivo de este juego es practicar vocabulario de objetos e infinitivos. De nuevo, son los grupos de nivel inicial los más adecuados para recibir esta dinámica en la clase.

El desarrollo es igual que en el caso anterior, incluso se pueden usar las mismas imágenes. Las tarjetas con los distintos objetos se colocan por las paredes del aula o se hacen circular entre los alumnos. Cada estudiante elige un objeto y, sin decir cuál es, lo describe y dice su uso («Es así... y sirve para...»). Sus compañeros deben adivinarlo.

La estructura gramatical que se practicará en grupos de nivel inicial es *para* + infinitivo. Y en clases de nivel intermedio o avanzado *para que* + subjuntivo. El vocabulario presentado también será diferente dependiendo del grupo-clase. En un nivel inicial, por ejemplo, habrá un dibujo de un tenedor y el comentario del alumno al respecto podría ser: «Sirve para comer». Y en niveles superiores, por ejemplo el comentario de un alumno respecto a la ilustración o la imagen de un destornillador, podría ser: «Sirve para que pongas o quites tornillos».

Comentarios

La idea de estas actividades con cartas con dibujos es contar con apoyo visual y quinésico al hacer algunas dinámicas de prácticas lingüísticas. Se pueden usar como actividades para el comienzo de la clase, como dinámicas de sensibilización, o para revisar y repasar conceptos. También pueden servir para la adquisición de nuevo vocabulario de forma visual, evitando la traducción a la lengua materna del alumno. Esta técnica, se utiliza también para ayudar a la memorización.

Para que las actividades no fracasen es recomendable tenerlas muy bien preparadas antes de empezar la clase: hay que llevar ordenadas las cartas, según convenga en cada caso (por ejemplo en la actividad 3, alternar imágenes de objetos cuyo nombre es masculino y femenino). Y también habrá que hacer previamente las tarjetitas con el vocabulario de los juegos de memoria de las actividades 1 y 2.

Para las actividades 1, 2, 3 y 4 hay que usar cartas con dibujos.

LA CADENA DE PALABRAS

Claudia Fernández Silva

Clasificación

Apartado: Actividades lúdicas

Destinatarios: Jóvenes y adultos

Tipo de agrupamiento en clase: Toda la clase

Preparación

Tiempo de preparación: Ninguno

Recursos: Ninguno

Duración de la actividad en clase: 15 minutos

Descripción

A continuación se propone una actividad que plantea la dinámica de un juego y que puede resultar especialmente apropiada para los últimos momentos de la clase.

El mecanismo de la actividad que se propone resulta bastante sencillo. Se trata de que los alumnos construyan frases que incluyan el mayor número de palabras posible para llegar a construir al final un breve discurso. La producción última a la que lleguen los alumnos dependerá tanto de su competencia gramatical, léxica y discursiva, como de la fluidez en la producción oral.

Dispón a los alumnos en círculo. Recuerda que tú también tienes que participar como un estudiante más en la actividad. El juego comienza cuando un alumno al azar (o tú mismo, si lo consideras oportuno) dice una palabra, por ejemplo: «Es». El estudiante de su derecha repite esa palabra y añade otra de manera que amplíe esa frase, por ejemplo: «Es martes». El tercer alumno añade a la frase anterior otra palabra y así sucesivamente:

Alumno 1: Es...

Alumno 2: Es martes...

Alumno 3: Es martes, me...

Alumno 4: Es martes, me he…

Alumno 5: Es martes, me he levantado...

Alumno 6: Es martes, me he levantado muy...

Alumno 7: Es martes, me he levantado muy mal...

Alumno 8: Es martes, me he levantado muy mal porque...

Alumno 9: Es martes, me he levantado muy mal porque he soñado...

Alumno 10: Es martes, me he levantado muy mal porque he soñado que...

Alumno 11: Es martes, me he levantado muy mal porque he soñado que era...

Alumno 12: Es martes, me he levantado muy mal porque he soñado que era un...

Alumno 13: Es martes, me he levantado muy mal porque he soñado que era un árbol...

Se trata de que en cada turno, se vaya aumentando el número de palabras que incluye la frase. Si un estudiante se olvida de alguna palabra o se equivoca, hay que volver a empezar la dinámica.

Para animar el juego, se pueden establecer premios para aquellos alumnos que no se olviden de ninguna palabra y recomendaciones para los que se equivoquen más veces. Además, se puede decidir que sean los otros compañeros los que detecten los errores (de concordancia, de flexión verbal o de incoherencia temática) en las producciones de cada alumno y que establezcan las recomendaciones pertinentes para tales situaciones.

Comentarios

Es una actividad que persigue, a través de un simple juego, varios objetivos. El primero, evidentemente es la práctica de la capacidad discursiva de los alumnos que tienen que demostrar su habilidad para ir «encajando» una palabra en una frase propuesta para construir un nuevo enunciado que resulte coherente y que tenga cohesión. El desafío puede potenciar la creatividad, además de activar el léxico de los estudiantes (se les puede permitir trabajar con el diccionario).

Por otra parte, se trata de una actividad que potencia la memorización de la frase como una forma de retener el contexto discursivo que se va generando durante el juego. Por último, el ambiente de distensión y de diversión que se puede conseguir con este tipo de dinámicas hace que se pueda llevar a cabo una actividad que movilizará de manera integrada muchos conocimientos lingüísticos (morfológicos, sintácticos, léxicos) y discursivos de nuestros alumnos.

¡ÚSALO!

José Plácido Ruiz Campillo

Clasificación

Apartado: Actividades lúdicas
Nivel: B2 Avanzado (Avanzado)
Destinatarios: Jóvenes y adultos
Tipo de agrupamiento en clase: Grupos de 3 ó 4 personas

Preparación

Tiempo de preparación: 10 minutos
Recursos: Tarjetas
Duración de la actividad en clase: 60 minutos

Descripción

Se trata de una competición por equipos cuyo objetivo es que los alumnos demuestren su capacidad de expresión metalingüística y su dominio real de ciertos elementos formales y léxicos que tú habrás seleccionado previamente. Como ejemplo, aquí proponemos una ⌄ **Tabla** con un posible formato con contenidos pensados para un nivel avanzado y para los primeros días de clase.

Una vez que cada equipo dispone de una copia de esta tabla, el primer equipo tiene 15 segundos para decidir a qué número de casilla deberá responder el siguiente equipo (de esta forma, podrás darte cuenta de qué ítems resultan más difíciles para tus alumnos, ya que lo normal es que busquen uno que ellos mismos no sabrían usar fácilmente).

Los miembros del equipo retado tienen entonces un minuto para discutir entre ellos un contexto en el que podrían usar esta forma, de modo (y esto es importante) que resulte evidente que la conocen perfectamente y que pueden usarla adecuadamente. Por ejemplo:

> Pues en un concurso de televisión mis amigas no tuvieron mucha suerte, y aunque se habían preparado mucho, al final se clasificaron las **quintas**.
> Pues yo hablo con mi hermana y le digo **«dáselas»**. Me refiero a las llaves, que hay que dárselas a mi madre.

Si los estudiantes no son capaces o se equivocan al dar el ejemplo o en el contexto propuesto, no reciben puntos y el siguiente equipo puede intentarlo, esta vez sin más margen de tiempo (deberían haberlo pensado durante el minuto anterior).

Si ninguno de los dos equipos puede dar un ejemplo donde se utilice la palabra o forma correctamente, pon tú un ejemplo, y toma nota de que ese tema tendrá que ser tratado con detenimiento a lo largo del curso en su contexto morfológico y funcional.

Comentarios

El objetivo primordial es obligar al estudiante a poner las formas presentadas en contexto, es decir, a reconstruir el escenario en que una forma adquiere el sentido propio de su significado, frente al resto de opciones posibles. En este sentido, el profesor debería intervenir cuando no quede muy claro que el alumno sea consciente de este significado, como por ejemplo:

> **Alumno:** Pues estamos en un coche y yo digo **«Vamos para Madrid»**.
>
> **Profesor:** ¿Y dónde estáis?, o ¿Y por qué no dices **«Vamos por Madrid»**?

No obstante, y a criterio del profesor, el estudiante que encuentre dificultades en demostrar su conocimiento de la forma usándola en un contexto determinado podrá también apoyarse en conocimientos declarativos, es decir, podrá ayudarse, si el contexto no es muy claro o es difícil de encontrar, en la explicación metalingüística. Por ejemplo:

> Son las quintas. *Quintas* es un ordinal femenino plural.
>
> Ahí está la maleta. *Ahí* señala el espacio de la 2.ª persona.
>
> Vamos para el norte. *Para el norte* significa la orientación.
>
> *Dáselas*. Alguien manda dar algo femenino y plural a una tercera persona.

Por otra parte, la tabla propuesta para la actividad no es más que un ejemplo. Cada profesor puede confeccionar una para cada nivel y adaptada a los contenidos que quiera presentar o evaluar. En todo caso, conviene incluir ítems que puedan ser exponentes de problemas más amplios, de modo que obliguen al alumno a responder a reglas de carácter general aplicándolas en casos concretos (concordancia, uso de las formas verbales, utilización del artículo, de los pronombres, etc.).

Dada la naturaleza de la actividad, tanto vale para el primer día de clase (toma de contacto del profesor con el nivel de los alumnos) como para el repaso de contenidos estudiados en un momento concreto de un curso, o como examen final. Cuando lo hacemos el primer día de clase conviene que los ítems propuestos contengan tanto elementos que se supone que ya deben estar adquiridos en el nivel en que nos encontramos como, singularmente, otros que prevemos no adquiridos y que valdrán para presentar sumariamente algunos aspectos que se desarrollarán durante el curso. El profesor puede tener así una idea de hasta dónde llega el grupo, y el alumno, por su parte, algunos destellos de los temas que va a aprender durante el curso.

Si la actividad se desarrolla en los comienzos de un curso, conviene no obligar a respuestas individuales y dejar que cada equipo seleccione al portavoz en cada momento, ya que enfrentar al estudiante el primer día con un fracaso más que probable frente al grupo no ayuda demasiado a establecer el clima de confianza necesario en estos primeros momentos. Por el contrario, tomar el equipo como unidad diluye la responsabilidad por los fracasos y no enturbia los éxitos. No olvidemos que, al fin y al cabo, nuestro objetivo es tener una idea general del nivel del grupo y que ellos la tengan también sobre la propia clase y sobre los contenidos que serán objeto de aprendizaje posterior.

Tabla

1	2	3	4	5
a mí no me gustas	lo bueno	estaba allí	me dan risa	un viernes
6	**7**	**8**	**9**	**10**
que comas mucho	ahí	yo me compraría	por mi madre	sin embargo
11	**12**	**13**	**14**	**15**
cualquiera	seguir comiendo	tú puedes	así que	dáselas
16	**17**	**18**	**19**	**20**
en absoluto	¡anda ya!	las nuestras	no digas	contra
21	**22**	**23**	**24**	**25**
hace un mes	un chico que tenga dinero	buen	ahora estarán durmiendo	me parece que
26	**27**	**28**	**29**	**30**
vengo mucho	tómate	había salido	para el norte	se fue a Madrid
31	**32**	**33**	**34**	**35**
sin pagar	está buena	quintas	de... a...	que se estuviera quieto

Atención a las creencias, actitudes y expectativas de los alumnos

ENTRE TODOS

Belén García Abia

Clasificación

Apartado: Atención a las creecias, actitudes y expectativas de los alumnos

Nivel: B1 Umbral (Intermedio)

Destinatarios: Jóvenes y adultos

Tipo de agrupamiento en clase: Individual, parejas o toda la clase

Preparación

Tiempo de preparación: 10 minutos

Recursos: Tarjetas

Duración de la actividad en clase: 30-40 minutos

Descripción

Recorta varias fichas de cartulina lo suficientemente grandes para que todos los alumnos puedan leer la información que aparece escrita en ellas. Escribe en cada una de ellas aspectos de la clase sobre los que te gustaría conocer la opinión de tus alumnos y, a partir de ellas, tomad decisiones conjuntas. Aquí tienes algunos ejemplos sobre los temas a los que pueden remitir las tarjetas:

- Utilidad del trabajo en parejas
- El libro de texto
- La corrección
- Aspectos relacionados con distintos contenidos lingüísticos
- Aspectos relacionados con actividades concretas que quieras evaluar

No te olvides de pegar las fichas en las paredes de la clase para que los estudiantes después puedan colocar al lado sus comentarios. A continuación explícales a tus alumnos que te gustaría saber su opinión sobre esos aspectos con el objetivo de recabar información para mejorar el funcionamiento de la clase. Para ello, deben escribir sus comentarios sobre los aspectos que se recogen en las fichas que se han colocado en las paredes del aula. Para facilitar las respuestas, tienen que dar su opinión, completando individualmente unas tarjetas que incluyan la frase «Me parece útil / siento... porque...» o «Me parece inútil / siento... porque...». Cuando hayan terminado pídeles que las peguen debajo de los puntos a los que se refieren.

Después anima a los alumnos a que lean los comentarios que han apuntado sus compañeros y que marquen con una cruz azul aquellas opiniones con las que estén de acuerdo y con una cruz verde aquellas con las que no coincidan.

Para finalizar, organiza una puesta en común con toda la clase. Para ello, se leen las tarjetas que hayan sido marcadas más veces y se inicia un debate para que los alumnos comenten por qué están de acuerdo o no con esas opiniones y qué decisiones se deberían tomar en caso de que exista algún problema.

Sería importante que fueras tomando notas y después colgaras la lista con los comentarios que han hecho los alumnos en el tablón de la clase para comprobar en sesiones posteriores si se están cumpliendo los acuerdos pactados. Destaca que, en este sentido, la responsabilidad no es solo tuya sino de toda la clase.

◗ Comentarios

Esta actividad puede llevarse a clase en niveles avanzados o superiores.

Para que no resulte demasiado larga la actividad, escoge sólo algunas fichas y retoma las otras en otra sesión de clase. Para ello, puedes utilizar la técnica del diario dialogado, (un texto en que se transcribe una conversación entre un profesor y un alumno) o retomar las ideas a través de cuestionarios, o como sugerencias que los alumnos hayan podido hacer en el buzón de la clase (entendemos el buzón de la clase como el lugar donde los alumnos depositan sus cartas y recogen las que les ha escrito el profesor y se tratan temas de interés para el alumno sobre su proceso de aprendizaje).

El diario dialogado es una conversación escrita entre el alumno y el profesor. Se deberían cumplir las siguientes características:

- El material requerido es un cuaderno de notas.
- Debe ser privado.
- Se puede realizar tanto dentro como fuera del aula.
- El alumno y el profesor deben escribir regularmente.
- El profesor no debe en ningún momento adoptar el papel de evaluador o corrector.

A continuación, y para que sirva como modelo, se presenta un ejemplo de diario dialogado, tomado de Kreeft Peyton & Reed, J&L: *Dialogue Journal Writing with Nonnative English Speakers: A Handbook for Teachers*, Tesol, Virginia, 1990.

Diarios dialogados entre Peyton y Reed (1990) y sus alumnos de inglés como segunda lengua.

---

9 de febrero

Michael: Mister Reed usted conoce esta semana como la semana tonta. Yo no sé lo que sucede esta semana. Mister Reed no sé que querías decir sobre las tarjetas del Día de los Enamorados. ¿Tú que dijiste que teníamos que traer las tarjetas del día de los enamorados? Teníamos que organizar las tarjetas para la gente de nuestra clase. No sé que estás diciendo.

Mister Reed: No, no tienes que entregar ninguna tarjeta del Día de los Enamorados. Lo divertido es hacerla. A veces nos gusta alguien pero no se lo decimos. Creemos que es divertido decirle a alguien lo que te gusta de él. Dar una tarjeta de este tipo es una manera muy sencilla de hacerlo. Si quieres puedes dar una o cinco tarjetas, eso no es realmente importante. Debes hacer lo que quieras.

FÍJATE QUE TE OBSERVO

Belén García Abia

Clasificación

Apartado: Atención a las creencias, actitudes y expectativas de los alumnos

Nivel: B1 Umbral (Intermedio)

Destinatarios: Jóvenes y adultos

Tipo de agrupamiento en clase: Parejas y toda la clase

Preparación

Tiempo de preparación: Ninguno

Recursos: Cuestionarios

Duración de la actividad en clase: Varias sesiones

Objetivos

Esta actividad tiene como objetivo familiarizar a los estudiantes con técnicas de observación y corrección para aquellas destrezas productivas en las que tienen dificultades. A su vez, se promueve la cooperación entre los miembros del grupo para resolver los diversos problemas que vayan surgiendo.

Introducción a la actividad

Lleva un radiocasete a clase para grabar las intervenciones de los alumnos en esta primera parte de la actividad. Organiza la clase de manera que los alumnos formen un círculo. Explícales que vais a jugar con una pelota. Coge la pelota y di una frase completa sobre los aspectos positivos que tiene el hecho de asistir a una clase de idiomas, habla de tus gustos y preferencias al respecto, por ejemplo:

> Lo que más me gusta de asistir a clase es que conozco a gente de otros países.
>
> Me encanta jugar en clase porque me divierto y aprendo.
>
> Me parece fácil leer textos en otro idioma. No es un problema para mí.

Después pregunta a los estudiantes quién está de acuerdo con esas afirmaciones y tírale la pelota a uno de los alumnos para que se pronuncie al respecto. El estudiante que recibe la pelota coge el turno y tiene que intervenir para contar a sus compañeros qué es lo que le gusta especialmente del hecho de asistir a clases de idiomas.

En cuanto te parezca que has recogido aportaciones suficientes vuelve a coger la pelota, pero esta vez para expresar desagrado, por ejemplo:

> Lo que menos me gusta del aula de idiomas son las actividades de comprensión auditiva.
>
> Me cuesta mucho discutir en grupo, porque no hablo bien español.
>
> Me resulta difícil escribir cartas. Siempre cometo muchos errores.

Conviene realizar esta actividad cuando los estudiantes hayan visto o vayan a trabajar exponentes para expresar agrado y desagrado, ya que la dinámica podría servir como fase introductoria para el trabajo.

Pasos de la actividad

1. Escucha la grabación que recogiste en la dinámica anterior y escribe las intervenciones de los alumnos en tarjetas de papel. Lleva esa información a la siguiente sesión. Haz tantas copias como alumnos haya en clase. Coloca las tarjetas en las paredes del aula y pide a los alumnos que, por parejas, se paseen por la clase, leyendo esa información. Cada pareja tiene que elegir las dos fichas con las que ellos se sientan más identificados porque reflejen en alguna medida la valoración y la observación que ellos mismos están haciendo de sus propios procesos de aprendizaje.

2. A continuación escribe en la pizarra la pregunta *¿Por qué?* e invita a los alumnos a que, por escrito, señalen los motivos que les han llevado a hacer las anteriores elecciones. Mientras los estudiantes trabajan, paséate por la clase y observa qué tarjetas ha elegido cada pareja de alumnos.

3. Pide a cada pareja que busque a otra pareja que no haya elegido las mismas tarjetas que ellos, para que trabajen juntos. Se trata de que se expliquen unos a otros qué técnicas utilizan para sentirse seguros en las situaciones de clase a las que pueden referirse las frases de agrado seleccionadas. De esta manera, los propios compañeros podrán dar pautas o hacer sugerencias respecto a cómo mejorar algunos aspectos.

4. A los pocos días entrega a cada alumno una ⬦ **Ficha** para que observe a uno de sus compañeros de clase durante la realización de una actividad concreta y para que intente evaluar su progreso. Seguro que sus observaciones le resultarán interesantes a su compañero y le darán otro punto de vista, diferente del suyo propio y al del mismo profesor, respecto a su propio progreso de aprendizaje y a su actuación en la clase.

5. Conviene que selecciones una actividad donde se trabaje especialmente una destreza, con el objetivo de que los alumnos se centren en ella, ya que la ficha de observación puede resultar muy compleja si se quieren trabajar todos los ítems a la vez.

Comentarios

Para realizar las fichas de observación te proponemos un pequeño ejemplo, pero te recomendamos que consultes la siguiente bibliografía para crear tus propias fichas:

Cassany, D.: *Reparar la escritura,* Graó, Barcelona, 1993.

Cassany, D.: *Construir la escritura,* Paidós, Barcelona, 2001.

Vázquez, G.: *La destreza oral,* Edelsa, Madrid, 2000.

Ficha

Nombre del estudiante: ....

Observar para mejorar: ☐ La expresión escrita

☐ La expresión oral

Actividad: ....

Ha realizado la actividad:

☐ Con un compañero ☐ En grupo ☐ Con toda la clase

Ha hablado para:

(Escribe aquí el objetivo de la actividad: Negociar el lugar de destino de un viaje, aconsejar a alguien sobre un problema, debatir para elaborar un informe sobre el estado de la escuela…)

....

....

....

¿Ha conseguido realizar lo que se le ha pedido?

☐ Sí ☐ No

Porque ....

....

....

Su pronunciación ha sido:

☐ Excelente ☐ Muy buena ☐ Buena ☐ Con problemas ☐ Con muchos problemas

Porque ....

....

....

Ha hablado de forma:

☐ Muy fluida   ☐ Fluida   ☐ Poco fluida   ☐ Muy poco fluida

Porque ....

....

....

Ha utilizado la gramática:

☐ Correctamente, no ha tenido errores respecto a nuestro nivel.

☐ Muy bien, aunque ha tenido algunos errores.

☐ Bien, aunque ha tenido bastantes errores.

☐ No muy bien, ha tenido muchísimos errores.

¿Cuáles? ....

....

....

En cuanto al vocabulario:

☐ Ha utilizado mucho vocabulario nuevo y de forma adecuada.

☐ Ha utilizado vocabulario nuevo, pero no de forma adecuada.

☐ Ha utilizado vocabulario nuevo y de forma adecuada, aunque le han faltado expresiones nuevas.

☐ Le ha costado mucho utilizar vocabulario nuevo.

☐ Le ha costado mucho utilizar vocabulario nuevo, pero ha sabido explicar lo que quería decir y lo han entendido bien.

Porque ....

....

....

En general:

☐ Ha realizado muy bien la actividad. Está mejorando mucho.

☐ Ha realizado muy bien la actividad, aunque todavía tiene algunos problemas para expresarse.

☐ Ha realizado bien la actividad, aunque todavía tiene muchas cosas que mejorar.

☐ Le ha resultado muy difícil realizar la actividad.

Porque ....

....

....

¿Qué problemas ha tenido?

....

....

....

¿Qué hay que mejorar? ¿Cómo se puede mejorar?

....

....

....

Comentarios finales (ambos alumnos; el que observa y el observado)

....

....

....

....

....

⊏ Desarrollo del currículo

APRENDER ESPAÑOL EN CLASE DE MATEMÁTICAS

Félix Villalba Martínez
Maite Hernández García

Clasificación

Apartado: Desarrollo del currículo

Nivel: A2 Plataforma (Inicial)

Destinatarios: Profesores

Tipo de agrupamiento en clase: Toda la clase

Preparación

Tiempo de preparación: 10 minutos

Recursos: Ninguno

Duración de la actividad en clase: 45 minutos

◗ Descripción

Normalmente los niños y jóvenes inmigrantes son escolarizados en los niveles y ciclos del sistema educativo español que les corresponden según su edad cronológica, independientemente de cuál sea su nivel de conocimiento del español.

Si las circunstancias lo permiten (número de inmigrantes en el mismo centro o barrio, etc.) suelen tener unas clases llamadas de apoyo o compensatorias algunas horas a la semana, en las que se les imparte español como segunda lengua, pero en el resto de la jornada escolar están en sus aulas de referencia, junto a los niños nativos, y siguiendo las diferentes áreas del currículum educativo impartidas totalmente en español. Por ello, ¿cómo ayudar a que los niños y jóvenes inmigrantes sean capaces de entender los textos de matemáticas, lengua, ciencias sociales, etc.?

La dificultad estriba en que, en muchas ocasiones, las actividades no tienen ningún referente icónico que permita a los estudiantes inferir significados o formular hipótesis sobre su contenido. En muchos libros de primaria o de secundaria, el texto escrito cubre toda la hoja, con lo que el niño no tiene pistas en las que apoyarse. Por ejemplo, ¿cómo podría ser trabajado este problema de matemáticas?:

> En su fiesta de cumpleaños, Alba María se gastó 9,5 euros en bebidas (zumos, batidos) y 22,8 euros en comida. ¿Cuánto dinero le costó la fiesta?

En primer lugar, el profesor presenta el problema junto a una imagen explícita y significativa para los niños y niñas de estas edades (una foto de varios niños celebrando una fiesta, por ejemplo). Es decir, facilitamos un contexto icónico en el que apoyar la comprensión. Así, un primer paso consiste en que los niños se fijen en la fotografía. Para ello se les formulan preguntas del tipo:

- ¿Quiénes son los niños de la foto?

- ¿Dónde están?

- ¿Qué hacen?

- ¿Qué comen?

- ¿Por qué están juntos?

- ...

En segundo lugar, se trabaja el vocabulario que tienen en el problema matemático, aunque es un léxico bastante usual para un niño: *fiesta, cumpleaños, bebida, comida*.

En un tercer momento, se hace que los niños se fijen en la estructura que tienen todos los problemas matemáticos (siempre hay una información inicial y una pregunta precedida por los interrogativos *cuánto/cuántos/cuántas*, etc.) y en las palabras claves del texto, descargando de él todo el vocabulario no necesario para la comprensión global del mismo.

En su fiesta de cumpleaños, María gastó 9,5 euros en bebidas y 22,8 euros en comida. ¿Cuánto dinero le costó la fiesta?

El cuarto paso consiste en la resolución del problema, y por último, se pueden trabajar, de forma oral, las estructuras lingüísticas y el léxico relacionados con los cumpleaños. Por ejemplo:

- ¿Cuándo es tu cumpleaños?

- Mi cumpleaños es el día ... de ...

- En ... (mes)

- ¿Cuántos años cumples?

- Cumplo ... (número)

PROGRAMAS DE ACOGIDA

Félix Villalba Martínez
Maite Hernández García

Clasificación

Apartado: Desarrollo del currículo
Nivel: A2 Plataforma (Inicial)
Destinatarios: Profesores
Tipo de agrupamiento en clase: Variable

Preparación

Tiempo de preparación: 10 minutos
Recursos: Ninguno
Duración de la actividad en clase: 50 minutos

Descripción

El niño y el joven inmigrante que se incorporan a un centro educativo español entran en contacto con un mundo distinto no sólo en lo lingüístico sino, también, en lo cultural, y social. Las relaciones con los compañeros y profesores, los comportamientos y hábitos de trabajo... son diferentes en cada sociedad y momento histórico. Para evitar en lo posible los malentendidos culturales y la inadaptación del niño al entorno escolar, creemos necesario diseñar unos programas de acogida que contemplen, entre otros, los siguientes aspectos:

1. Dotar al alumno de una cierta autonomía en relación a:

- Los recursos lingüísticos que permitan un control de la información:

  ¿Cómo se llama esto?

  ¿Cómo se dice?

  ¿Puede/s repetir?

  Más despacio, por favor.

  ¿Cómo se escribe?...

- La localización y utilización de espacios y recursos del Centro.

- La comprensión del sistema de relaciones culturales de nuestra sociedad:

  Distancia interpersonal

  Relaciones afectivas (táctiles...)

  Relaciones con miembros de otros grupos de edad

  Normas de funcionamiento y participación grupal

  Tratamiento del error en la escuela (premios y castigos)

2. Creación de hábitos de trabajo.

Comentarios

En el caso de adultos conviene introducir también un trabajo específico sobre habilidades sociales.

Los malentendidos culturales han de «preocuparnos» en la medida en que puedan dificultar el proceso de integración del estudiante en el grupo o en el Centro. El malentendido ha de analizarse positivamente como resultado del encuentro entre dos culturas y formas de vida diferentes que a partir del diálogo crecen y se conocen mutuamente. El contraste cultural ofrece unas ricas posibilidades de aprovechamiento didáctico para todo el grupo.

⊂|Descentralización de las sesiones

DUDAS EN EL AULA, DUDAS DE TODOS

Belén García Abia

Clasificación

Apartado: Descentralización de las sesiones

Destinatarios: Jóvenes y adultos

Tipo de agrupamiento en clase: Individual o parejas

Preparación

Tiempo de preparación: Ninguno

Recursos: Ninguno

Duración de la actividad en clase: 10-15 minutos

▶ Descripción

¿Qué profesor no ha tenido que responder a infinidad de dudas de sus alumnos? ¿Por qué no compartimos esa tarea entre todos?

Entrégales una hoja de calendario del mes en curso. Explícales que pueden apuntar lo que han aprendido a lo largo de la semana, dónde han tenido problemas y si los han resuelto, así como aquellos puntos sobre los que quieren profundizar.

Dos días antes de finalizar la semana pide a los alumnos que pongan en común todo aquello que han apuntado con sus compañeros para buscar las dudas que tienen en común y que les interesa resolver. Cuando hayan terminado, escribe en una hoja todos los puntos y coméntales que son ellos mismos los que deben solucionar sus propias dudas buscando en gramáticas para estudiantes, diccionarios o en el propio libro de texto.

Cada alumno elige el punto sobre el que quiere «investigar». Si algún punto no se ha cubierto, lo puede abordar el profesor.

El último día de la semana dedicaremos cierto tiempo para que los alumnos pongan en común lo que han recogido y se resuelvan las dudas unos a otros.

▶ Comentarios

Para finalizar, entre todos pueden crear un diccionario de dudas que los estudiantes irán completando a lo largo del curso. Es importante que en este diccionario figuren tanto las dudas como sus explicaciones. La organización de ese diccionario puede ser alfabética o temática, según prefieran los alumnos.

Actividad adaptada de Baxter, A.: *Evaluating your Students*, Richmond Publishing, Londres, 1997.

Dinámicas de aula y técnicas de trabajo en grupo

CAMBIO DE PAREJA

Alicia Castillo López

Clasificación

Apartado: Dinámicas de aula y técnicas de trabajo en grupo

Nivel: B1 Umbral (Intermedio)

Destinatarios: Profesores

Tipo de agrupamiento en clase: Parejas

Preparación

Tiempo de preparación: Ninguno

Recursos: Ninguno

Duración de la actividad en clase: 45 minutos

Descripción

Esta técnica trabaja los agrupamientos de clase.

Agrupa a los estudiantes por parejas. Plantea una actividad, la que tú creas oportuna en ese momento, en la que los alumnos tengan que llegar a un acuerdo tras haber participado en una discusión con su compañero. Por ejemplo: qué hay que preparar para organizar una fiesta de fin de curso, qué es mejor llevar para determinado viaje, señalar algunas innovaciones que tendrán las viviendas dentro de cien años, qué sería más necesario en una isla desierta, decidir en qué época de la historia les gustaría vivir y por qué motivos, elegir qué características ha de reunir la ciudad ideal, la escuela de idiomas ideal o el compañero de piso ideal, etc. El tema debe ser el mismo para toda la clase y se adecuará a los conocimientos de vocabulario y a las necesidades gramaticales de cada clase.

Una vez que hayas sugerido el tema, explica a los alumnos en qué consiste exactamente la actividad. Se trata de que, en parejas, primero discutan y después lleguen a un acuerdo sobre la cuestión planteada y que recojan en una especie de decálogo los acuerdos a los que han llegado o las decisiones tomadas. Diles que tienen unos 15 minutos para hacer esta fase de la actividad.

Cuando todas las parejas hayan discutido sobre el tema tratado, un representante de cada grupo cambia de pareja. Debe llevar consigo las notas que ha tomado y explicarle a su nuevo compañero las conclusiones a las que antes ha llegado. A su vez, el representante deberá escuchar las ideas de su nueva pareja y entrar en una segunda fase de discusión; deben intentar convencerse mutuamente, razonando y persuadiendo al otro y pidiendo informaciones. Pueden aceptar sugerencias y cambiar el orden de prioridad de las anotaciones que han recogido en su decálogo o simplemente hacer un intercambio de ideas. Esta nueva fase de la actividad puede durar otros 15 minutos.

Por último, los estudiantes vuelven con su pareja original y comentan durante otros cinco minutos los cambios que ha hecho cada uno (si los ha hecho) y por qué. Al final, se hace una puesta en común, se comentan las diferencias, se eligen cuáles son las mejores ideas, el mejor plan, etc.

▶ Comentarios

Se puede hacer una lluvia de ideas antes de que los alumnos trabajen en parejas. Así ellos mismos señalan los puntos importantes que giran alrededor del tema planteado por el profesor y, además, se trabajará con el léxico del campo semántico que nos interesa.

Esta actividad también puede realizarse con grupos de niveles avanzados que sean poco comunicativos.

CUALIDAD INICIAL

Jorge Jiménez Ramírez

Clasificación

Apartado: Dinámicas de aula y técnicas de trabajo en grupo
Nivel: B1 Umbral (Intermedio)
Destinatarios: Jóvenes y adultos
Tipo de agrupamiento en clase: Grupos de 6 personas

Preparación

Tiempo de preparación: Ninguno
Recursos: Ninguno
Duración de la actividad en clase: 15 minutos

Descripción

En otras actividades como «Tú eres mis manos», incluida en el volumen IV, *Competencias generales* de esta colección, ya se ha abordado la aproximación a la clase de español entendida como un grupo, hecho que puede parecer una obviedad en principio, pero que condiciona totalmente el proceso de aprendizaje y el rendimiento de los alumnos.

Como ya hemos señalado en otras ocasiones, en líneas generales podemos indicar que normalmente el grupo-clase pasa por cuatro grandes fases en su vida como grupo:

- **Presentación:** Es el momento en que tiene lugar el conocimiento nominal de los miembros del grupo.
- **Conocimiento:** Es la fase en la que se establecen los roles y las reglas del grupo.
- **Resolución de conflictos:** Fruto de las reglas y roles, aparecen problemas que hay que solucionar.
- **Distensión:** Fase también conocida como disolución; es aquella que tiene lugar con la consecución de la tarea.

La actividad que proponemos a continuación ha sido concebida para incidir en la primera fase, en la presentación del grupo, y se puede utilizar para asentar las bases de un buen ambiente y de un entendimiento posterior de los alumnos.

Explica a los estudiantes la dinámica de la actividad: cada alumno tiene que decir su nombre y dos adjetivos que sirvan para describirlo y que comiencen por la misma letra que su nombre o que su nombre y apellido: «Adam Darmouth, alto y delgado». Para ello pueden usar el diccionario y se les puede permitir un tiempo de reflexión.

El resto de los compañeros tienen que anotar esta información en sus cuadernos, de manera que vayan haciendo una lista en la que incluyan el nombre de cada compañero y los adjetivos que este ha usado para presentarse.

Después di tú el nombre de un alumno y un voluntario tendrá que señalar los adjetivos que corresponden a ese compañero. También puedes decir tú los adjetivos y los alumnos tienen que recordar a qué alumno se refieren.

Existe otra variación de la actividad en la que el profesor selecciona previamente los adjetivos, confecciona tarjetas con ellos y se las entrega a los alumnos para que estos seleccionen los que tienen más relación con ellos, pero sin tener una vinculación necesaria con las iniciales de su nombre o apellidos.

Comentarios

El objetivo de la actividad es que los alumnos se aprendan los nombres de sus compañeros de grupo, pero también se trata de iniciar cauces para el conocimiento personal de los miembros de la clase.

Una parte fundamental de esta actividad puede resultar de la evaluación. Por ello conviene preguntar a los alumnos cómo se han sentido ante la obligación de buscar adjetivos que tuvieran que ver con ellos, si les ha resultado difícil, violento, etc.

La actividad se puede completar desde el punto de vista lingüístico con algún tipo de dinámica a partir de los adjetivos que se han recopilado: escribir alguna composición que los incluya, aplicar esos mismos adjetivos a otras personas que conocen los alumnos o a algún personaje famoso, clasificarlos según puedan describir o no a la personalidad de cada estudiante, etc. En definitiva, son muchas las posibilidades, pero siempre sin olvidar el componente grupal y cómo este hecho puede incidir en la evolución y en la cohesión del grupo-clase.

DE PAR EN PAR

Susana Llorián González

Clasificación

Apartado: Dinámicas de aula y técnicas de trabajo en grupo

Destinatarios: Profesores

Tipo de agrupamiento en clase: Parejas

Preparación

Tiempo de preparación: 5-10 minutos

Recursos: Otros (cartas, bingo, otros juegos, etc.)

Duración de la actividad en clase: 3-5 minutos

Descripción

¿Te parece interesante que tus alumnos cambien de compañero a lo largo de clase?

Nosotros le encontramos las siguientes ventajas:

- Mejora las relaciones entre los alumnos.

- Si las transiciones entre las actividades y/o las secuencias se pueden asociar a un cambio de compañero y de lugar, se marcan más y se hacen más evidentes.

- Moverse por la clase y cambiar de sitio y de postura, relaja, ayuda a variar el ritmo y favorece las condiciones para el aprendizaje.

En esta ocasión te proporcionamos una serie de propuestas que contribuyen a crear un ambiente lúdico («En orden») y a repasar algunos contenidos («En busca de la otra mitad»).

En orden

Pide a tu grupo de principiantes que se sienten por orden de edad; para ello se hacen algunas preguntas básicas y así, se cambian de sitio. La actividad no debe durar más de cinco minutos.

También para tu grupo de principiantes: diles que se sienten siguiendo el orden alfabético de la inicial de su apellido. La duración de la actividad será de unos cinco minutos.

Para niveles intermedios, en contextos de inmersión: haz que piensen en el número de habitantes de sus ciudades de origen. Éste será el criterio para ordenarse.

En busca de la otra mitad

Para tu grupo de nivel avanzado o superior: el objetivo es agrupar a los alumnos por parejas y repasar léxico. Confecciona cartelones grandes. Escribe una palabra en cada uno. Hazlo de modo que haya tantos pares de sinónimos, como parejas quieras formar. En el aula, repártelos rápidamente. Di a tus alumnos que busquen palabras sinónimas y que cuando las encuentren las pongan en un lugar visible. La actividad dura unos cinco minutos.

Esta técnica es válida para todos los niveles. Escribe tantas palabras en papeles grandes como parejas quieras formar. Rompe los papeles de forma irregular. Reparte los trozos. Tienen que armar el puzzle de dos piezas. La duración será de unos cinco minutos.

También puede hacerse sin necesidad de introducir contenidos. Por ejemplo, introduce pares de papelitos de colores en una bolsa opaca. Haz que saquen un papel sin mirar en el interior. Los miembros de las parejas se formarán con los papeles que tengan el mismo color.

INTER¡VENGA!

Susana Llorián González

Clasificación

Apartado: Dinámicas de aula y técnicas de trabajo en grupo

Destinatarios: Jóvenes y adultos

Tipo de agrupamiento en clase: Grupos de 4 ó 6 personas

Preparación

Tiempo de preparación: 10 minutos

Recursos: Otros (cartas, bingo, otros juegos, etc.)

Duración de la actividad en clase: 5 minutos

Descripción

¿Tienes alumnos a los que les cuesta intervenir y tienden a quedarse callados?

Hay algunas técnicas que sirven para garantizar el turno de intervención. Una de ellas se llama «mapa de la conversación». Esta forma de controlar el equilibrio de las interacciones ha sido sugerida por autores como Hadfield J. *Classroom Dynamics*, Oxford University Press, Oxford, 1992.

Se puede nombrar un observador. (Si tienes un alumno que siempre habla más de la cuenta, es el observador ideal.) Este escribirá, en cada esquina de un papel, los nombres de las personas del grupo. A medida que las personas intervienen, va marcando flechas, de persona a persona.

Otra forma es entregar un papel blanco a cada uno de los grupos y unas cuantas pegatinas de colores. A cada persona le corresponde un color. Cada vez que alguien intervenga, debe colocar su pegatina en el papel. De esta forma, se refleja claramente el equilibrio de la conversación y puedes comprobar las intervenciones.

También se puede distribuir un papel en blanco a los alumnos para que lo dividan en cuatro o seis partes (depende de la duración de la conversación) y que escriban su nombre en cada una de ellas. A continuación, las reunirán todas y las barajarán. El mazo resultante se pone en el centro de la mesa. Los alumnos irán interviniendo por turnos. Cada vez que lo hagan, cogerán un papel y se dirigirán a la persona cuyo nombre aparece. Si el que cogen es el suyo, lo pondrán al final del mazo.

Otra posibilidad consiste en dejar encima de la mesa una serie de papelitos, monedas, fichas, bolígrafos, etc. Cuando una persona interviene, coge uno. Al final se puede contrastar la cantidad de veces que ha intervenido cada uno. Si lo que quieres es que haya tantos turnos como alumnos, es decir, que cada uno intervenga una vez, utiliza objetos personales. A medida que vayan cogiendo el suyo, irán consumiendo sus turnos de intervención.

LA OTRA MEDIA NARANJA

Milagros Ortín Fernández-Tostado

Clasificación

Apartado: Dinámicas de aula y técnicas de trabajo en grupo

Destinatarios: Profesores

Tipo de agrupamiento en clase: Parejas o grupos

Preparación

Tiempo de preparación: 5 minutos

Recursos: Ninguno

Duración de la actividad en clase: 5 minutos

Descripción

Esta es una actividad en la que hay que organizar a los alumnos por parejas o grupos.

Selecciona un vocabulario que o bien tenga relación con la actividad que vas a hacer a continuación, o bien contenga un léxico visto en sesiones anteriores. Si quieres formar parejas utiliza, por ejemplo, antónimos; si vas a formar grupos de cuatro piensa en palabras que tengan algo en común. Por ejemplo, para dividir la clase en dos grupos, si se está trabajando el futuro de predicción y la actividad consiste en adivinar el futuro de un compañero se puede utilizar, por un lado: *vidente, pitonisa, brujo,* etc., y por otro: *posos de café, tarot, líneas de la mano,* etc. Escribe cada palabra en una tarjeta.

Pide a los alumnos que tomen una al azar y busquen a una persona o personas en la clase que tengan otra tarjeta con la que exista algún tipo de relación; esta relación puede ser de significado, gramatical, fonética,... según lo consideres oportuno.

Una vez que se hayan encontrado, deben sentarse juntos para comenzar la actividad que tengas preparada.

Comentarios

Es una buena actividad para reagrupar alumnos y para crear un buen ambiente de grupo. En general tendemos a trabajar con el compañero de al lado y es con él con el que siempre nos relacionamos. Cambiando las parejas o los grupos nos aseguramos que todos trabajan con todos.

OTROS GRUPOS, OTRA GENTE

Susana Llorián González

Clasificación

Apartado: Dinámicas de aula y técnicas de trabajo en grupo

Destinatarios: Jóvenes y adultos

Tipo de agrupamiento en clase: Grupos pequeños

Preparación

Tiempo de preparación: 5-10 minutos

Recursos: Otros (cartas, bingo, otros juegos, etc.)

Duración de la actividad en clase: Variable

Descripción

La dinámica consiste en que, en las actividades que se realizan en pequeños grupos y en varias fases, los alumnos interaccionen con el mayor número posible de los compañeros de clase. Se trata de formar nuevos grupos con miembros procedentes de otros grupos que habías formado anteriormente.

Durante una actividad que se está desarrollando en pequeños grupos, pásate por ellos mientras están trabajando y entrega una ficha de un color diferente a cada miembro del grupo.

Coloca las cartulinas grandes en diferentes zonas del aula (mesas, paredes, etc.). Pueden tenerlos colocados antes de la clase, o permanentemente para no perder tiempo. Para formar los nuevos grupos, di a los alumnos que se dirijan al sitio donde vean el color de la ficha que tienen en la mano.

Comentarios

Otra posibilidad, un poco más complicada pero que sirve para repasar contenidos culturales, es escribir en los carteles grandes nombres geográficos del mundo hispano (países, regiones, etc.) y entregarles fichas en las que hayas escrito nombres de ciudades, personas, etc., que pertenezcan a esos lugares.

El movimiento de los alumnos dentro del aula relaja y dinamiza mucho el trabajo. Estas sencillas dinámicas añaden un componente lúdico a la actividad de clase. Además tienen la ventaja de que las cuestiones que se tratan en los pequeños grupos, se intercambian, comprueban y comparten con todo el grupo, sin necesidad de recurrir necesariamente a las puestas en común.

¿QUÉ HAY QUE HACER AHORA?

Milagros Ortín Fernández-Tostado

Clasificación

Apartado: Dinámicas de aula y técnicas de trabajo en grupo

Destinatarios: Jóvenes y adultos

Tipo de agrupamiento en clase: Toda la clase

Preparación

Tiempo de preparación: 5 minutos

Recursos: Imágenes

Duración de la actividad en clase: 10 minutos

Descripción

A veces dar instrucciones a nuestros alumnos para explicar el mecanismo de una actividad en lo que respecta al agrupamiento, al contexto, a quién empieza a hablar, etc. no es tan fácil como parece. Son demasiado largas y cuando hemos terminado de hablar nos damos cuenta de que nadie empieza a hacer nada porque no se ha entendido lo que hay que hacer. A continuación proponemos una serie de pautas para mejorar nuestras indicaciones.

Si vas a trabajar una actividad de un libro que tiene un dibujo, fotocópialo en grande y preséntalo al gran grupo sin decir de dónde procede. Hazles preguntas para contextualizar la situación, del tipo:

- ¿Dónde están los personajes?

- ¿Qué están haciendo?

- ¿Qué creéis que están diciendo?

Después ya pueden abrir el libro.

Si es un trabajo en parejas, tríos o pequeños grupos con actividades de vacío de información, enseña un ejemplo del material con el que van a trabajar y hazles preguntas como las siguientes u otras parecidas:

- ¿Son iguales?

- ¿Tiene la misma información cada folio?

- ¿Hay que escribir algo?

- ¿Dónde está la información que me falta?

Lo importante es que vayan descubriendo lo que tienen que hacer contestando a tus preguntas; así te aseguras de que entienden el mecanismo de la actividad.

Comentarios

Presentar las instrucciones de forma inductiva evita frustraciones que nada tienen que ver con la actividad misma; además, mantiene activo al alumno y es un excelente ejercicio de comprensión auditiva.

¡TIEMPO!

Conchi Rodrigo Somolinos

Clasificación

Apartado: Dinámicas de aula y técnicas de trabajo en grupo

Destinatarios: Niños

Tipo de agrupamiento en clase: Toda la clase

Preparación

Tiempo de preparación: Ninguno

Recursos: Ninguno

Duración de la actividad en clase: 1 minuto

Descripción

A veces, puede ser necesario marcar en el aula el final de una actividad, y lo puede hacer:

1. Un reloj de arena a la vista de todos; el final de una canción —o varias— que se escuchan como música de fondo mientras se trabaja...

2. El profesor, porque ve que son muchos los alumnos que han terminado, porque cree que es el momento de pasar a otra cosa, porque ha puesto un tiempo límite para realizar una actividad y advierte que ya ha transcurrido, etc.

3. El propio alumno —especialmente si se trata de un juego o concurso— sirviéndose de diferentes medios:

   • Levantando la mano, para que sus compañeros lo vean y también la levanten.

   • Si se dispone en la clase de muñecos que emiten algún tipo de ruido o sonido, haciéndolos sonar.

   • Si el alumno está sentado, levantándose y quedándose de pie en su sitio. (Puede acompañar esta postura del gesto para indicar «tiempo» que se utiliza en baloncesto, para que los demás le imiten).

   • Subiéndose a la silla y permaneciendo ahí para que los demás también se suban.

   • Levantándose y acudiendo a un lugar determinado del aula para que los demás también acudan. Si ocupa otro sitio que no es el suyo, volviendo al sitio original.

   • Levantándose para ir a tocar la nariz de un determinado compañero, o del profesor, o de una mascota —si tienen—, etc.

Comentarios

Hemos recogido algunas formas de señalar el final de una actividad, para que el profesor —según si se trata de un juego, si hay competición, etc.— seleccione el modo que considere más adecuado en cada momento.

Actividad adaptada de Maley, A. y Duff, A.: *Drama Techniques in Language Learning*, Cambridge University Press, Cambridge, 1978.

Diseño de cursos

UN PROCEDIMIENTO PARA DISEÑAR UNIDADES DIDÁCTICAS MEDIANTE TAREAS (I)

Sheila Estaire

Clasificación

Apartado: Diseño de cursos

Destinatarios: Profesores

Tipo de agrupamiento en clase: Individual o grupos

Preparación

Tiempo de preparación: Variable

Recursos: Ninguno

Página de Internet recomendada:

http://cvc.cervantes.es/foros/foro_did

Descripción

La enseñanza de lenguas mediante tareas (ELMT) constituye un movimiento de evolución dentro del enfoque comunicativo. Sus planteamientos básicos son sencillos de comprender y no resulta excesivamente difícil experimentar con ellos a través del diseño de unidades didácticas. Esta actividad es la primera de una serie de dos en las que trataré de guiar a aquellos de vosotros que estéis interesados en obtener, a través de DidactiRed, unas primeras nociones de la ELMT y comenzar a ponerlas en práctica, pero dando por sentado que para profundizar en este campo será necesario también realizar algunas lecturas complementarias. Con este fin ofreceré una breve bibliografía en la segunda parte de esta serie.

La ELMT parte del concepto de que son las tareas que van a realizar los alumnos en el aula las que determinan los contenidos lingüísticos y demás elementos de la programación. La pregunta *¿qué contenidos lingüísticos se tratarán en esta unidad didáctica?* no es por lo tanto el punto de partida para la programación de una unidad didáctica en la ELMT, sino el resultado del análisis de las tareas que se van a llevar a cabo en el aula.

Hay sin duda diferentes maneras de organizar una unidad mediante tareas, pero en esta actividad me ceñiré a la siguiente secuencia de pasos para la programación:

Determinar en el siguiente orden:

- El tema de la unidad
- La tarea que realizarán los alumnos al final de la unidad (la tarea final)
- Los objetivos
- Los contenidos lingüísticos necesarios

Programar a continuación:

- La secuencia de tareas que realizarán los alumnos en las clases previas a la tarea final, que conduzcan a la consecución de la misma; en otras palabras: programar el proceso que nos llevará a la tarea final.

- Los instrumentos y procedimientos de evaluación que se van a utilizar.

Con la finalidad de que se familiaricen con estos pasos sugiero que hagas las siguientes actividades, que podrían considerarse como una ruta de descubrimiento de un proceso de diseño de unidades didácticas mediante tareas.

1. En la ELMT los alumnos deben saber desde el inicio de la unidad cuáles son los objetivos que se quieren alcanzar en la misma. **Lee** los siguientes ejemplos de formulaciones de objetivos para diferentes unidades didácticas que los alumnos tendrán desde el comienzo de la unidad.

Ejemplo 1

A lo largo de la unidad vamos a desarrollar las habilidades y conocimientos lingüísticos que nos permitan decir:

Puedo hacer una pequeña presentación oral sobre mis aficiones y contestar las preguntas que me hagan los/as compañeros/as de clase.

Puedo tomar notas durante las presentaciones de los demás y preguntarles acerca de los detalles que me interesen.

Puedo utilizar esta información para realizar un mural (u otra cosa que sugiramos en clase).

Ejemplo 2

A lo largo de la unidad vamos a desarrollar las habilidades y conocimientos lingüísticos que nos permitan decir:

Puedo preparar un cuestionario para utilizar en un sondeo de clase sobre nuestra rutina diaria.

Puedo realizar el sondeo en clase.

Puedo presentar los resultados del sondeo a través de un texto informativo para el panel de la clase o del departamento.

Observa que los objetivos están especificados a través de cosas concretas que realizarán los alumnos: son objetivos de **cosas que hacer** en español. Estos objetivos reflejan sucintamente la tarea que los alumnos llevarán a cabo al final de la unidad (la tarea final), una vez cubiertas las clases en las que a través de otra serie de tareas desarrollarán los conocimientos y las habilidades necesarias.

El ejemplo 1 corresponde a una unidad cuya tarea final describiré brevemente, en términos de lo que podríamos ver si visitáramos esa clase ese día.

Vería un grupo de dos o tres alumnos hablando sobre sus aficiones al resto de la clase, y a estos tomando notas (el profesor estaría sentado en la parte de atrás del aula). Cuando terminara la presentación, habría preguntas y los alumnos recibirían respuestas de quien correspondiera. Vería repetirse este ciclo hasta que todos hubieran participado en las presentaciones.

A continuación, vería la fase de aplicación de la información recogida. Vería a los alumnos en sus grupos discutiendo sobre qué forma darle a sus murales y qué elementos incluir en ellos. Los vería planificando, escribiendo y corrigiendo textos para los murales, y eligiendo las ilustraciones para acompañarlos.

2. **Piensa** cómo se materializarán en el aula los objetivos del ejemplo 2, cuál podría ser, de forma detallada, la tarea final de esa unidad. ¿Qué harán los alumnos? ¿Qué pasos seguirán? ¿Qué tipos de agrupamiento serán convenientes? ¿Cuál será el producto resultante? Si te ayuda, puedes expresarlo como lo que verías en esa clase si la visitaras.

3. Si miras nuevamente la secuencia de seis pasos que aparece al principio verás que el primero es la elección del tema de la unidad. Este tema, que será desarrollado a lo largo de la unidad a través de las tareas que se programen en el quinto paso, dará coherencia y lógica comunicativa al conjunto de tareas.

   El tema correspondiente al ejemplo 1 podría ser «Nuestras aficiones». **Piensa** cuál podría ser el tema al que corresponden los objetivos del ejemplo 2. Te sugerimos que consultes el hilo del Foro didáctico «Breve seminario práctico sobre tareas en DidactiRed» http://cvc.cervantes.es/foros/leer_asunto1.asp?vCodigo=5252 en el que se debatió sobre este tema y en el que encontrarás nuestras respuestas.

4. Partiendo de los objetivos ofrecidos a los alumnos, en las tres actividades anteriores has trabajado con los tres primeros pasos de la secuencia, pero en orden inverso. Ahora, utilizando esta experiencia, **inicia** el diseño de una unidad de tu elección siguiendo el orden indicado: en primer lugar determina el tema, a continuación la tarea final, y, basándote en ella, determina los objetivos que se ofrecerán a los alumnos. Recuerda especificarlos como **cosas que hacer**. Puedes también realizar una especificación más detallada de cosas que hacer, que sería la versión del profesor y del departamento. Volveremos a este punto en la Parte II de esta actividad incluida a continuación.

Comentarios

Hasta aquí hemos considerado numerosos aspectos de la unidad didáctica, centrados especialmente en las cosas que realizarán los alumnos hacia el final de la misma. Pero habrás notado que aún no hemos mencionado nada sobre los contenidos lingüísticos de la unidad. Este es justamente el paso siguiente. Esto marca la característica principal de la ELMT: no iniciamos la programación de una unidad a través de la especificación de los contenidos lingüísticos, sino que estos vienen determinados por la tarea final. En la Parte II continuaremos trabajando sobre el diseño de unidades didácticas mediante tareas partiendo de este punto.

UN PROCEDIMIENTO PARA DISEÑAR UNIDADES DIDÁCTICAS MEDIANTE TAREAS (II)

Sheila Estaire

Clasificación

Apartado: Diseño de cursos

Destinatarios: Profesores

Tipo de agrupamiento en clase: Individual o grupos

Preparación

Tiempo de preparación: Variable

Recursos: Ninguno

Página de Internet recomendada:
http://cvc.cervantes.es/foros/leer_asunto1.asp?vCodigo=5252

Descripción

En «Un procedimiento para diseñar unidades didácticas mediante tareas (I)» ofrecí la primera parte de esta actividad, en la cual trabajamos sobre los tres primeros puntos que hay que determinar en el diseño de una unidad didáctica mediante tareas, siguiendo el modelo propuesto. Por lo tanto, si no has trabajado con esa actividad anterior sería conveniente que lo hicieras antes de realizar esta. En esa primera parte especificamos el tema, la tarea final, y los objetivos de una unidad. En esta segunda, trabajaremos con los tres pasos restantes: la especificación de contenidos lingüísticos necesarios, la programación de la secuencia de tareas previas a la tarea final, y la programación de los instrumentos y procedimientos de evaluación empleados a lo largo de la unidad.

1. Como recalqué en la Parte I, el hecho de que los contenidos lingüísticos no sean el punto de partida para la programación, sino que vengan determinados por la tarea final que vamos a realizar es una de las principales características de la ELMT.

   Determina los contenidos lingüísticos para la unidad que comenzaste a diseñar en la Parte I, o las que se trabajaron como ejemplos 1 ó 2, partiendo de la siguiente pregunta: *¿Qué contenidos lingüísticos van a necesitar los alumnos para llevar a cabo la tarea final?* Ten en cuenta que algunos serán contenidos nuevos que habrá que desarrollar en la unidad para poder realizar la tarea final, mientras que otros podrán ser contenidos ya tratados en unidades anteriores y que se reciclarán en esta.

   Si te resulta de ayuda puedes elaborar una ficha y especificar los contenidos nocio-funcionales, gramaticales, léxicos, pragmáticos y cualquier otro aspecto que estimes conveniente incluir.

2. En las sesiones de clase anteriores a la realización de la tarea final se combinarán tareas de comunicación y tareas centradas en los contenidos lingüísticos, que vayan ofreciendo a los alumnos los elementos que hagan posible la realización de la tarea final. Las preguntas que hay que plantearse en este paso son las siguientes:

   • ¿Cómo podemos organizar y facilitar el proceso de aprendizaje a lo largo de la unidad, de forma que se asegure la realización de la tarea final y, por lo tanto, la consecución de los objetivos?

- ¿Qué tareas de comunicación ayudarán a los alumnos en su preparación para la tarea final?

- ¿Qué tareas centradas en los contenidos lingüísticos serán convenientes?

- ¿Cómo combinaremos todos estos elementos de forma pedagógicamente efectiva, lógica y coherente?

A continuación sugiero una actividad para que hagas en relación con este paso. Las tareas que propongo más abajo son tareas que conducen a la tarea final correspondiente al ejemplo 2 sobre un sondeo acerca de la rutina diaria de los alumnos (véase la actividad anterior de este volumen **«Un procedimiento para diseñar unidades didácticas mediante tareas (I)»**), pero estas no siguen un orden lógico desde un punto de vista pedagógico. **Léelas y secuéncialas** de forma que construyan un andamiaje que permita a los alumnos realizar la tarea final. Si lo consideras conveniente puedes agregar alguna otra tarea.

A	Tarea de comprensión auditiva. Los alumnos escuchan a una o más personas contestando preguntas de un sondeo sobre su rutina diaria, y realizan una tarea de comprensión. (Esta tarea tiene como ilustración un trozo del sondeo utilizado durante la grabación.)
B	Tarea de expresión oral en pequeños grupos. Los alumnos intercambian muy brevemente (5-10 minutos) información sobre sus rutinas diarias, utilizando conocimientos adquiridos en las tareas inmediatamente anteriores.
C	Tarea centrada en el léxico. Serie de dibujos y recuadro con léxico relacionado con el tema «Nuestra rutina diaria»: casar dibujos y léxico como tarea conjunta alumnos/profesor.
D	Tarea centrada en el léxico. ¿Necesitamos extender la lista anterior para poder referirnos a nuestras rutinas diarias? (Tarea conjunta alumnos/profesor.)
E	Tarea de comprensión lectora. Lectura de dos textos breves sobre el tema de la unidad, y tarea sencilla de comprensión. El texto utilizará el léxico de la tarea anterior, basada en dibujos.
F	Una o dos tareas centradas en los contenidos funcionales y gramaticales necesarios para llevar a cabo la tarea final. Y que ayudarán a su vez a realizar las tareas siguientes. Será conveniente que estas tareas tengan como contexto el tema de la unidad.
G	Introducción a la unidad didáctica: el tema, la tarea final, los objetivos. Algunos ejemplos de la rutina diaria del profesor como breve tarea de comunicación introductoria, utilizando apoyos visuales.
H	La tarea final que se vislumbra a través de los objetivos especificados en el ejemplo 2 (Parte I).

Encontrarás mis respuestas en el **Foro didáctico** del CVC, en: http://cvc.cervantes.es/foros/leer_asunto1.asp?vCodigo=5252. Ahora, **programa** una secuencia de tareas previas a la tarea final para la unidad que comenzaste a diseñar en la Parte I, teniendo muy en cuenta las preguntas reseñadas al principio de este apartado.

Una vez realizada la secuencia, muchas veces resulta conveniente volver a los objetivos para completarlos, reflejando algunas de las **cosas que hacer** que se acaban de programar para las clases previas a la tarea final.

3. Cuando estén especificados y programados todos los elementos que ya hemos visto, y antes de iniciar la unidad didáctica en clase, es conveniente programar los instrumentos y procedimientos de evaluación que utilizarán los alumnos y el profesor a lo largo de la unidad, con el fin de recoger información que nos permita tomar decisiones sobre reajustes necesarios, así como evaluar la efectividad del proceso de aprendizaje. Este paso puede incluir algún tipo de prueba que quizás abarque más de una unidad. Pero en esta actividad mencionaré dos ideas relacionadas con la evaluación formativa, no la sumativa.

Por ejemplo, un procedimiento útil es que al fin de cada sesión de clase los alumnos registren en una ficha o en sus cuadernos una o dos frases que contesten a la pregunta: *¿Qué hemos hecho hoy en clase para acercarnos a los objetivos de la unidad?*

Otro instrumento que ayuda a los alumnos a reflexionar sobre su trabajo y a la vez da al profesor información sumamente interesante es una ficha que los alumnos rellenen al terminar la unidad contestando las siguientes preguntas: *¿Qué hemos hecho en esta unidad? ¿Qué tal lo has hecho? ¿Qué has aprendido, y qué eres capaz de hacer como resultado de ello?*

¿Qué te queda por hacer/repasar/estudiar? De lo que hemos hecho, ¿qué ha sido lo que más te ha gustado? ¿Qué se podría cambiar en esta unidad? ¿Cómo?

Un tercer instrumento posible es el diario del profesor, en el cual este registre cada día aquellos aspectos que desearía recordar para poder analizar en profundidad el proceso de enseñanza/aprendizaje.

Aplica algunas de estas ideas a la unidad que has diseñado o **elabora** algún otro instrumento que creas apropiado para tu unidad. Envíalo al **Foro didáctico**, en relación al hilo http://cvc.cervantes.es/foros/leer_asunto1.asp?vCodigo=5252 si quieres saber nuestra opinión.

Nota

La tabla incluida en este monográfico en «**Un instrumento para planificar clases**», podría serte de utilidad si desearas planificar en detalle algunas de las tareas de la unidad que diseñes. También puedes necesitar para alguna tarea de expresión escrita que incluyas en tu unidad el código de corrección que presentaremos más adelante en este monográfico en «**Un código de corrección para una tarea colaborativa**».

Comentarios

En estas dos actividades sobre el diseño de unidades didácticas mediante tareas he tratado de ofrecer una primera aproximación al tema. Para profundizar en él es imprescindible consultar algunos de los títulos que ofrezco en la bibliografía. Esta es muy breve, pero los títulos incluidos hacen a su vez referencia a otros que también te puede interesar leer.

Breve bibliografía

Breen, M. P.: «Paradigmas contemporáneos en el diseño de programas», *Comunicación, lenguaje y educación*, 7-8, 1990 (págs. 7-32).

Candlin, C.: «Hacia la enseñanza del lenguaje mediante tareas», *Comunicación, lenguaje y educación*, 7-8, 1990 (págs. 33-54).

Estaire, S.: *Tareas para hacer cosas en español: principios y práctica de la enseñanza de lenguas extranjeras mediante tareas*, Colección Aula de Español, Universidad Antonio de Nebrija, 1999.

Estaire, S. y Zanón, J.: «El diseño de unidades didácticas para la enseñanza de una segunda lengua», *Comunicación, lenguaje y educación*, 7-8, 1990 (págs. 55-90).

Estaire, S. y Zanón, J.: *Planning Classwork: a Task-based Approach*, Heinemann, Oxford, 1994.

Nunan, D.: *El diseño de tareas para la clase comunicativa,* Cambridge University Press, Cambridge, 1996.

Zanón, J. (coord.): *La enseñanza del español mediante tareas,* Edinumen, Madrid, 1999.

Evaluación

EL BUZÓN DE BELÉN

Belén García Abia

Clasificación

Apartado: Evaluación

Destinatarios: Profesores

Tipo de agrupamiento en clase: Individual

Preparación

Tiempo de preparación: Ninguno

Recursos: Otros (cartas, bingo, otros juegos, etc.)

Duración de la actividad en clase: 5 minutos

Descripción

La herramienta más conocida para llevar a cabo la evaluación formativa es el diario del alumno. Este procedimiento exige mucho esfuerzo y tiempo por parte del alumno —algo de lo que carecen en ocasiones—, además de resultar muy íntimo y personal —lo que también dificulta la reflexión conjunta entre profesor y alumno—.

El buzón permite también la reflexión por parte del alumno respecto a su proceso de aprendizaje de una manera más lúdica y menos costosa. Esta herramienta consiste en realizar un buzón (con una caja de zapatos forrada de papel o algo similar) para ponerlo en clase o en el centro de recursos con el fin de que los alumnos lo usen para cartearse con el profesor y comentar todo aquello que afecta en la situación de enseñanza-aprendizaje.

¿Qué es? El buzón de cada profesor es el espacio físico en el que los alumnos depositan sus cartas y recogen las que les ha escrito este.

¿Qué escribir? En una carta normalmente se escriben acontecimientos de la semana, del día, ideas, sentimientos, sensaciones, creencias importantes para el remitente respecto al proceso de enseñanza-aprendizaje.

El profesor debe:

- Enviar la primera carta.
- Mantener correspondencia con los alumnos contestando a sus cartas.
- Analizar y reflexionar sobre lo que narran los alumnos.
- Estimular la reflexión guiada en el alumno.

El profesor no debe:

- Corregir de manera directa, porque si no, se convierte automáticamente en un ejercicio de redacción.

Idea surgida a partir de la lectura del artículo de Hernández, M.ª José: «Correo interno», *Cable*, 1, 1989 (págs. 3-5).

NO ESTÁS SOLO EN LA SALA DE RECURSOS

Belén García Abia

Clasificación

Apartado: Evaluación

Nivel: B1 Umbral (Intermedio)

Destinatarios: Jóvenes y adultos

Tipo de agrupamiento en clase: Individual

Preparación

Tiempo de preparación: Ninguno

Recursos: Fichas

Duración de la actividad en clase: 50 minutos

Páginas de Internet recomendadas:

http://cvc.cervantes.es/obref/marco/cap_03.htm

http://cvc.cervantes.es/aula/lecturas/intermedio/lectura_04

Descripción

El objetivo de esta actividad es que el profesor y el alumno hagan un seguimiento de las actividades realizadas por este último en la sala de recursos. Se trata de motivar el trabajo de los estudiantes en la sala de recursos (donde puede tener acceso a lecturas graduadas, material audio, manuales, gramáticas, diccionarios, material en cederrón, actividades de español que puede encontrar en Internet, etc.) para propiciar su autonomía en el proceso de aprendizaje.

Para conseguir el objetivo propuesto, el profesor deberá crear una carpeta donde guardará los informes de seguimiento en los que se vayan recogiendo las actividades que realiza el alumno en la sala de recursos y documentos en los que el propio alumno recoja la valoración que él hace de su trabajo en la sala de recursos.

Para que el citado seguimiento se haga de forma adecuada y coherente, se deberá partir de una reflexión previa del alumno respecto al nivel en el que se encuentra. Algunas pautas para esta autoevaluación se pueden encontrar en el **⌐ Cuadro** de autovaloración que propone el *Marco común europeo de referencia para las lenguas: aprendizaje, enseñanza y evaluación*. Con este trabajo, se intenta que el estudiante reflexione sobre su dominio en las diferentes destrezas (que se proponen en ese cuadro) y que apunte la fecha de esas observaciones para así comprobar paulatinamente su progreso.

Posteriormente, el profesor, en función de la propia reflexión de cada estudiante respecto a su propio aprendizaje, propondrá tareas específicas a cada uno de sus alumnos para que las realice durante la semana en la sala de recursos. Después de la realización de esas actividades cada estudiante deberá autoevaluarse.

Introducción a la actividad

Para poder llevar a cabo esta actividad de seguimiento, entrega a cada alumno una carpeta con los siguientes documentos:

- **⌐ Cuadro** de autovaloración con los niveles comunes de referencia.
- **⌐ Ficha** de comprobación y seguimiento con un cuadro de autoevaluación.

- ◄ **Tabla** de asignación de tareas por parte del profesor.
- Documento con la disponibilidad para utilizar la sala de recursos.
- ◄ **Ficha** de reflexión.

Pasos de la actividad

1. Después de haber entregado a cada estudiante su carpeta, pídeles que completen individualmente la ◄ **Lista** de comprobación que habrás incluido en ella. Deben elegir una de las entradas que se proponen para las distintas destrezas y anotar su comentario. Pídeles que no se olviden de apuntar junto al comentario la fecha en que emiten esa valoración. De esta manera, cuando pasado un tiempo, vuelvan a esa ficha, podrán evaluar su progreso en ese aspecto concreto. El objetivo de esta fase de la actividad es que el estudiante reflexione sobre aquello que en su proceso de aprendizaje está sintiendo como un problema, ya sea desde la perspectiva afectiva o intelectual. Esta información es imprescindible para el profesor, ya que, en función de los comentarios que haga cada estudiante, deberemos asignar a cada estudiante unas tareas u otras para realizar en la sala de recursos.

2. Cuando los alumnos hayan terminado de anotar sus comentarios, recoge esos documentos y asigna a cada estudiante, según sus necesidades, una serie de tareas para realizar en la sala de recursos. Recurre a aquellas actividades y recursos que te parezcan más adecuados para trabajar los aspectos específicos que requiera cada alumno. Determina esas actividades en función de los recursos que estén disponibles en el aula específica del centro (lecturas graduadas, materiales sonoros, manuales, gramáticas, diccionarios, cederrón, actividades de Internet, etc.). Lo que sí es importante es que el estudiante utilice ese material con un objetivo, por lo que deberás asignarle a cada alumno unas tareas concretas. Apunta las tareas que determines en la ◄ **Tabla** de asignación de tareas y si estas actividades necesitan el trabajo con algún soporte gráfico, adjunta ese material. Observa que la tabla está dividida en tres partes: material, actividad y objetivo de la actividad. En la columna del material se deberá escribir el recurso (acceso a una dirección de Internet, un libro de ejercicios de la sala de recursos, una lectura graduada, un cederrón) que habrán de utilizar los alumnos para realizar la tarea que les propones. En la siguiente columna titulada «Actividad» detalla lo que el estudiante debe hacer con ese material; y en la última, especifica el objetivo didáctico de esa actividad. A continuación te presentamos un ◄ **Modelo** de cómo se debe completar esa tabla.

3. Devuelve a los estudiantes su carpeta y explícales que les has asignado a cada uno una serie de tareas que deben realizar durante la semana. También indícales que después de cada actividad deben completar la ◄ **Ficha** de reflexión correspondiente. Esta consta de dos partes; la primera en la que se detalla el nombre de la actividad, el material utilizado y el tiempo dedicado a su realización, y, la segunda, centrada en la valoración de la misma. El estudiante debe escribir lo que le ha gustado y lo que no, de la actividad; marcar si la actividad le ha resultado fácil y rentable o por el contrario difícil y poco rentable; explicar si ha aprendido o no, qué problemas ha podido tener y cómo esa actividad ha podido incidir en su proceso de aprendizaje.

4. Al final de la semana reúnete con los estudiantes individualmente para que te comenten los resultados de la tarea que han llevado a cabo en el aula de recursos. En función de lo que habléis en esa reunión, asígnales tareas nuevas para la semana siguiente.

5. Después del tiempo que estimes conveniente, pídeles que completen de nuevo la lista de comprobación del cuadro de autoevaluación y así mantendrán un seguimiento de su progreso.

Comentarios

Hemos desarrollado la actividad para grupos de nivel intermedio, pero la propuesta es perfectamente adaptable al resto de niveles y grupos.

COMPRENDER	A1	A2
Comprensión auditiva	Reconozco palabras y expresiones muy básicas que se usan habitualmente, relativas a mí mismo, a mi familia y a mi entorno inmediato cuando se habla despacio y con claridad.	Comprendo frases y el vocabulario más habitual sobre temas de interés personal (información personal y familiar muy básica, compras, lugar de residencia, empleo). Soy capaz de captar la idea principal de avisos y mensajes breves, claros y sencillos.
Comprensión de lectura	Comprendo palabras y nombres conocidos y frases muy sencillas, por ejemplo las que hay en letreros, carteles y catálogos.	Soy capaz de leer textos muy breves y sencillos. Sé encontrar información específica y predecible en escritos sencillos y cotidianos como anuncios publicitarios, prospectos, menús y horarios y comprendo cartas personales breves y sencillas.
	B1	B2
Comprensión auditiva	Comprendo las ideas principales cuando el discurso es claro y normal y se tratan asuntos cotidianos que tienen lugar en el trabajo, en la escuela, durante el tiempo de ocio, etc. Comprendo la idea principal de muchos programas de radio o televisión que tratan temas actuales o asuntos de interés personal o profesional, cuando la articulación es relativamente lenta y clara.	Comprendo discursos y conferencias extensos e incluso sigo líneas argumentales complejas siempre que el tema sea relativamente conocido. Comprendo casi todas las noticias de la televisión y los programas sobre temas actuales. Comprendo la mayoría de las películas en las que se habla en un nivel de lengua estándar.
Comprensión de lectura	Comprendo textos redactados en una lengua de uso habitual y cotidiano o relacionada con el trabajo. Comprendo la descripción de acontecimientos, sentimientos y deseos en cartas personales.	Soy capaz de leer artículos e informes relativos a problemas contemporáneos en los que los autores adoptan posturas o puntos de vista concretos. Comprendo la prosa literaria contemporánea.
	C1	C2
Comprensión auditiva	Comprendo discursos extensos incluso cuando no están estructurados con claridad y cuando las relaciones están sólo implícitas y no se señalan explícitamente. Comprendo sin mucho esfuerzo los programas de televisión y las películas.	No tengo ninguna dificultad para comprender cualquier tipo de lengua hablada, tanto en conversaciones en vivo como en discursos retransmitidos, aunque se produzcan a una velocidad de hablante nativo, siempre que tenga tiempo para familiarizarme con el acento.
Comprensión de lectura	Comprendo textos largos y complejos de carácter literario o basados en hechos, apreciando distinciones de estilo. Comprendo artículos especializados e instrucciones técnicas largas, aunque no se relacionen con mi especialidad.	Soy capaz de leer con facilidad prácticamente todas las formas de lengua escrita, incluyendo textos abstractos estructural o lingüísticamente complejos como, por ejemplo, manuales, artículos especializados y obras literarias.

HABLAR	A1	A2
Interacción oral	Puedo participar en una conversación de forma sencilla siempre que la otra persona esté dispuesta a repetir lo que ha dicho o a decirlo con otras palabras y a una velocidad más lenta y me ayude a formular lo que intento decir. Planteo y contesto preguntas sencillas sobre temas de necesidad inmediata o asuntos muy habituales.	Puedo comunicarme en tareas sencillas y habituales que requieren un intercambio simple y directo de información sobre actividades y asuntos cotidianos. Soy capaz de realizar intercambios sociales muy breves, aunque, por lo general, no puedo comprender lo suficiente como para mantener la conversación por mí mismo.
Expresión oral	Utilizo expresiones y frases sencillas para describir el lugar donde vivo y las personas que conozco.	Utilizo una serie de expresiones y frases para describir con términos sencillos a mi familia y otras personas, mis condiciones de vida, mi origen educativo y mi trabajo actual o el último que tuve.
	B1	B2
Interacción oral	Sé desenvolverme en casi todas las situaciones que se me presentan cuando viajo donde se habla esa lengua. Puedo participar espontáneamente en una conversación que trate temas cotidianos de interés personal o que sean pertinentes para la vida diaria (por ejemplo, familia, aficiones, trabajo, viajes y acontecimientos actuales).	Puedo participar en una conversación con cierta fluidez y espontaneidad, lo que posibilita la comunicación normal con hablantes nativos. Puedo tomar parte activa en debates desarrollados en situaciones cotidianas explicando y defendiendo mis puntos de vista.
Expresión oral	Sé enlazar frases de forma sencilla con el fin de describir experiencias y hechos, mis sueños, esperanzas y ambiciones. Puedo explicar y justificar brevemente mis opiniones y proyectos. Sé narrar una historia o relato, la trama de un libro o película y puedo describir mis reacciones.	Presento descripciones claras y detalladas de una amplia serie de temas relacionados con mi especialidad. Sé explicar un punto de vista sobre un tema exponiendo las ventajas y los inconvenientes de varias opciones.
	C1	C2
Interacción oral	Me expreso con fluidez y espontaneidad sin tener que buscar de forma muy evidente las expresiones adecuadas. Utilizo el lenguaje con flexibilidad y eficacia para fines sociales y profesionales. Formulo ideas y opiniones con precisión y relaciono mis intervenciones hábilmente con las de otros hablantes.	Tomo parte sin esfuerzo en cualquier conversación o debate y conozco bien modismos, frases hechas y expresiones coloquiales. Me expreso con fluidez y transmito matices sutiles de sentido con precisión. Si tengo un problema, sorteo la dificultad con tanta discreción que los demás apenas se dan cuenta.
Expresión oral	Presento descripciones claras y detalladas sobre temas complejos que incluyen otros temas, desarrollando ideas concretas y terminando con una conclusión apropiada.	Presento descripciones o argumentos de forma clara y fluida y con un estilo que es adecuado al contexto y con una estructura lógica y eficaz que ayuda al oyente a fijarse en las ideas importantes y a recordarlas.

ESCRIBIR	A1	A2
Expresión escrita	Soy capaz de escribir postales cortas y sencillas, por ejemplo para enviar felicitaciones. Sé rellenar formularios con datos personales, por ejemplo mi nombre, mi nacionalidad y mi dirección en el formulario del registro de un hotel.	Soy capaz de escribir notas y mensajes breves y sencillos relativos a mis necesidades inmediatas. Puedo escribir cartas personales muy sencillas, por ejemplo agradeciendo algo a alguien.
	B1	**B2**
Expresión escrita	Soy capaz de escribir textos sencillos y bien enlazados sobre temas que me son conocidos o de interés personal. Puedo escribir cartas personales que describen experiencias e impresiones.	Soy capaz de escribir textos claros y detallados sobre una amplia serie de temas relacionados con mis intereses. Puedo escribir redacciones o informes transmitiendo información o proponiendo motivos que apoyen o refuten un punto de vista concreto. Sé escribir cartas que destacan la importancia que le doy a determinados hechos y experiencias.
	C1	**C2**
Expresión escrita	Soy capaz de expresarme en textos claros y bien estructurados exponiendo puntos de vista con cierta extensión. Puedo escribir sobre temas complejos en cartas, redacciones o informes resaltando lo que considero que son aspectos importantes. Selecciono el estilo apropiado para los lectores a los que van dirigidos mis escritos.	Soy capaz de escribir textos claros y fluidos en un estilo apropiado. Puedo escribir cartas, informes o artículos complejos que presentan argumentos con una estructura lógica y eficaz que ayuda al oyente a fijarse en las ideas importantes y a recordarlas. Escribo resúmenes y reseñas de obras profesionales o literarias.

⌘ Lista

Comprensión oral 👂

Nivel B1

Nombre del alumno: ....

COMPRENSIÓN ORAL 👂				
Comprendo las ideas principales cuando el discurso es claro y normal y se tratan asuntos cotidianos que se dan en el trabajo cuando la articulación es relativamente lenta y clara.	Me cuesta mucho.	No puedo hacerlo; todavía tengo bastantes problemas.	No puedo hacerlo perfectamente, tengo algunos problemas.	Sí, puedo hacerlo.
	(Fecha)	(Fecha)	(Fecha)	(Fecha)

COMPRENSIÓN ORAL 👂				
Comprendo las ideas principales cuando el discurso es claro y normal y se tratan asuntos cotidianos que se dan en el tiempo de ocio cuando la articulación es relativamente lenta y clara.	Me cuesta mucho.	No puedo hacerlo; todavía tengo bastantes problemas.	No puedo hacerlo perfectamente, tengo algunos problemas.	Sí, puedo hacerlo.
	(Fecha)	(Fecha)	(Fecha)	(Fecha)

COMPRENSIÓN ORAL 👂				
Comprendo la idea principal de muchos programas de radio o televisión que tratan temas actuales o asuntos de interés personal o profesional cuando la articulación es relativamente lenta y clara.	Me cuesta mucho.	No puedo hacerlo; todavía tengo bastantes problemas.	No puedo hacerlo perfectamente, tengo algunos problemas.	Sí, puedo hacerlo.
	(Fecha)	(Fecha)	(Fecha)	(Fecha)

Comprensión de lectura 📖

Nivel B1

Nombre del alumno: ....

COMPRENSIÓN DE LECTURA 📖

Comprendo textos redactados en una lengua de uso habitual y cotidiano o relacionada con el trabajo.	Me cuesta mucho.	No puedo hacerlo; todavía tengo bastantes problemas.	No puedo hacerlo perfectamente, tengo algunos problemas.	Sí, puedo hacerlo.
	(Fecha)	(Fecha)	(Fecha)	(Fecha)

COMPRENSIÓN DE LECTURA 📖

Comprendo la descripción de acontecimientos, sentimientos y deseos en cartas personales.	Me cuesta mucho.	No puedo hacerlo; todavía tengo bastantes problemas.	No puedo hacerlo perfectamente, tengo algunos problemas.	Sí, puedo hacerlo.
	(Fecha)	(Fecha)	(Fecha)	(Fecha)

Interacción oral 💬

Nivel B1

Nombre del alumno: ....

INTERACCIÓN ORAL 💬

Sé desenvolverme en casi todas las situaciones que se me presentan cuando viajo donde se habla esa lengua.	Me cuesta mucho.	No puedo hacerlo; todavía tengo bastantes problemas.	No puedo hacerlo perfectamente, tengo algunos problemas.	Sí, puedo hacerlo.
	(Fecha)	(Fecha)	(Fecha)	(Fecha)

INTERACCIÓN ORAL 💬

Puedo explicar y justificar brevemente mis opiniones y proyectos.	Me cuesta mucho.	No puedo hacerlo; todavía tengo bastantes problemas.	No puedo hacerlo perfectamente, tengo algunos problemas.	Sí, puedo hacerlo.
	(Fecha)	(Fecha)	(Fecha)	(Fecha)

INTERACCIÓN ORAL 💬

Sé narrar una historia o relato, la trama de un libro o película y puedo describir mis reacciones.	Me cuesta mucho.	No puedo hacerlo; todavía tengo bastantes problemas.	No puedo hacerlo perfectamente, tengo algunos problemas.	Sí, puedo hacerlo.
	(Fecha)	(Fecha)	(Fecha)	(Fecha)

Expresión escrita ✎

Nivel B1

Nombre del alumno: ....

EXPRESIÓN ESCRITA ✎				
Sé enlazar frases de forma sencilla con el fin de describir experiencias y hechos, mis sueños, esperanzas y ambiciones.	Me cuesta mucho.	No puedo hacerlo; todavía tengo bastantes problemas.	No puedo hacerlo perfectamente, tengo algunos problemas.	Sí, puedo hacerlo.
	(Fecha)	(Fecha)	(Fecha)	(Fecha)

↘ Tabla

Comprensión oral 👂

Material necesario	Actividad	Objetivo de la actividad

Comprensión lectora 📖

Material necesario	Actividad	Objetivo de la actividad

Expresión escrita ✎

Material necesario	Actividad	Objetivo de la actividad

Expresión oral / interacción 💬

Material necesario	Actividad	Objetivo de la actividad

Modelo

Comprensión lectora 📖

Material necesario	Actividad	Objetivo de la actividad
http://cvc.cervantes.es/aula/lecturas/intermedio/lectura_04	**Antes de leer:** 1. Pepe y Lola (Preguntas abiertas: situar geográficamente Barcelona y presentar personajes.) 2. Un paseo por Barcelona (Arrastrar información: localizar algunos lugares de Barcelona.) **Después de leer:** 1. Un resumen (Opción múltiple: comprensión lectora.) 2. Muchas dudas (Relacionar: presentar recursos para hacer hipótesis.) 3. El misterio de Lola (Salto del caballo: hacer hipótesis.)	Obtener la idea general de un texto. Resumir las ideas principales de un texto. Practicar y repasar los recursos para hacer hipótesis.

Ficha

Actividades de comprensión lectora 📖

Nombre de la actividad	Material	Fecha de realización

Me ha gustado de la actividad:

....

....

No me ha gustado de la actividad:

....

....

Me ha resultado: Fácil ☐ Difícil ☐ Útil ☐ Inútil ☐

Porque..

....

....

Después de hacer esta actividad creo que:

....

....

PROCESO EVALUATIVO (I): PLANTEAMIENTO DE METAS Y ANTICIPACIÓN DE PROBLEMAS

Belén García Abia

Clasificación

Apartado: Evaluación

Nivel: B1 Umbral (Intermedio)

Destinatarios: Jóvenes y adultos

Tipo de agrupamiento en clase: Individual y toda la clase

Preparación

Tiempo de preparación: 10 minutos

Recursos: Ninguno

Duración de la actividad en clase: 30-40 minutos

Página de Internet recomendada:

www.culture2.coe.int/portfolio/documents/assessment_grid_spanish.doc

Descripción

Con esta actividad se inicia una serie, que constará de dos propuestas didácticas más (una de ellas incluida en este volumen y la otra disponible en **Didactiteca**), en la que se van a abordar aspectos relacionados con la evaluación en la clase de español.

Comenzamos con una pequeña reflexión sobre lo que entendemos por evaluación. Para nosotros evaluar consiste en reflexionar para tomar decisiones con relación al proceso de aprendizaje. En este sentido, la función del profesor debe ser poner al alcance del alumno herramientas para que, de cara a su propio aprendizaje, pueda plantearse unas metas explícitas y realistas, reflexionar de manera continua sobre la consecución de las mismas y tomar decisiones para alcanzar los objetivos que persigue.

Por ello, entendemos que antes de empezar a trabajar con un grupo de alumnos, resulta fundamental programar y destinar un espacio de la clase para que cada estudiante reflexione sobre las metas que se ha planteado de cara al curso y analice cuáles de sus cualidades personales lo pueden ayudar a aprender y cuáles pueden dificultar esta tarea. Para ello, el propio estudiante debería hacer un diagnóstico de sus necesidades, de sus dificultades y de sus cualidades personales.

Comienza la sesión explicando a los alumnos que van a reflexionar sobre lo que saben, las cualidades personales que favorecen el aprendizaje y aquellas que lo dificultan.

Entrégales el ⌲ **Cuestionario 1** con la primera parte de las preguntas para que cada uno lo complete individualmente. Para ayudar a los estudiantes te sugerimos que también les entregues un cuadro de autoevaluación. En www.culture2.coe.int/portfolio/documents/assessment_grid_spanish.doc encontrarás uno que podrás adaptar a tu grupo de estudiantes de acuerdo con su nivel. Encontrarás también un cuadro de autoevaluación en la actividad «No estás solo en la sala de recursos», ⌲ **Cuadro**, de este volumen.

Cuando hayan terminado, en grupos, deben comparar las respuestas que han dado en la primera parte del cuestionario para descubrir similitudes y diferencias. Déjales que hablen aproximadamente unos diez minutos.

Después escribe en una cartulina *Vamos a...* y pégala en la pared. Pide a tus estudiantes que piensen en diez aspectos que quieran abordar en la clase de español durante el curso. Cuando hayan terminado exponen sus propuestas al resto de la clase y si todos están de acuerdo las escriben en la cartulina.

Entrégales el ↘ **Cuestionario 2** con la segunda parte de las preguntas y déjales unos diez minutos para que cada uno reflexione sobre las preguntas que se le plantean. Estas preguntas pueden ser más o menos guiadas dependiendo del nivel de los alumnos.

Cuando hayan terminado, pídeles que te entreguen los cuestionarios. Te recomendamos que después de la clase, leas las respuestas con detenimiento y reflexiones sobre la información que dan los alumnos y apuntes aquellos aspectos que creas que pueden ayudarlos en su aprendizaje. Después, lo interesante sería encontrar un momento para hablar por separado con cada alumno y que entre los dos tomarais decisiones respecto al curso. Estas observaciones podrían servirle al alumno para sus futuras reflexiones a lo largo de las clases. En ese caso, será imprescindible que prepares la entrevista antes de hablar con cada uno de los estudiantes.

Comentarios

Para finalizar, nos gustaría hacer un breve apunte respecto a los distintos agentes que intervienen en la toma de decisiones en la clase de español y la naturaleza de las mismas:

- Los alumnos como grupo. Se plantean metas realistas y toman decisiones respecto a los contenidos del curso.

- El alumno individualmente. Se plantea metas realistas y toma decisiones respecto a su propio proceso de aprendizaje.

- El profesor. Se plantea metas y toma decisiones respecto a los contenidos y líneas de actuación para el curso.

1. ¿En qué situaciones te desenvuelves mejor?

   ....

2. ¿En cuáles estás más incómodo/a?

   ....

3. ¿Qué puntos gramaticales crees que debes repasar? ¿La forma o el uso? ¿Cuáles conoces mejor?

   ....

4. ¿Qué vocabulario quieres repasar? ¿Por qué? ¿Cuál conoces mejor?

   ....

5. ¿Qué características culturales (de España) no entiendes? ¿Sobre qué aspectos culturales te gustaría profundizar?

   ....

6. ¿Para qué necesitas aprender español?

   ....

7. ¿En qué situaciones vas a utilizarlo?

   ....

❯ Cuestionario 2

8. ¿Qué textos (orales y escritos) te gustan, pero te resultan difíciles?

   ☐ Prensa   ☐ Literatura   ☐ Ensayos

   ☐ Páginas de Internet   ☐ Programas de radio   ☐ Programas de televisión

   ☐ Canciones   ☐ Específicos del trabajo ¿cuáles?: ....

9. En general en una lengua extranjera, ¿para qué tienes más facilidad?

   ☐ Para escuchar   ☐ Para leer   ☐ Para hablar   ☐ Para escribir

10. A lo largo de tu aprendizaje de español, ¿qué problemas has encontrado? ¿Cuáles has solucionado? ¿Cómo?

    ....

11. ¿Qué problemas crees que puedes tener en este curso? ¿Cómo crees que puedes solucionarlos?

    ....

12. En clase, ¿cuándo te sientes más seguro/a?

    ....

13. En clase, ¿cuándo te sientes más inseguro/a?

    ....

14. ¿Cuáles son tus cualidades? ¿Cuáles te pueden ayudar a aprender? ¿Cómo? ¿Puedes potenciarlas o incentivarlas?

    ....

15. ¿Cuáles son tus defectos? ¿Influyen en ti al aprender? ¿Qué puedes hacer para disminuir su influencia?

    ....

PROCESO EVALUATIVO (III): OBSERVACIÓN EN EL AULA. EL PROFESOR

Belén García Abia

Clasificación

Apartado: Evaluación

Nivel: A2 Plataforma (Inicial)

Destinatarios: Profesores

Tipo de agrupamiento en clase: Individual

Preparación

Tiempo de preparación: Ninguno

Recursos: Ninguno

Duración de la actividad en clase: 10-15 minutos

Descripción

La actividad que se presenta a continuación forma parte de una serie que consta de esta y de dos entregas anteriores, **«Proceso evaluativo (I): Planteamiento de metas y anticipación de problemas»**, disponible en este volumen, y **«Proceso evaluativo (II): Reformulación de las metas y anticipación de problemas»** disponible en **Didactiteca**. En todas ellas se abordan aspectos relacionados con la evaluación en la clase de español.

Esta actividad, a pesar de que va dirigida al alumno ya que este es el beneficiario, está concebida por y para el profesor. Su objetivo es proporcionar una serie de pautas que puedan guiar al profesor en la observación que tiene que hacer de cada estudiante.

Después de haber realizado una entrevista previa con el alumno para conocer sus puntos fuertes, sus dificultades, sus necesidades y sus proyectos tal como se sugirió en **«Proceso evaluativo (I): Planteamiento de metas y anticipación de problemas»**, toma nota de aspectos que crees importantes para el alumno y que consideras que deberéis revisar conjuntamente.

Sigue para ello el modelo que te proponemos. Por ejemplo, para un alumno que te ha comentado en la entrevista y el cuestionario que fácilmente se desmotiva, que tiene problemas al escuchar cintas o al hablar en la lengua meta, podrías incluir los siguientes aspectos en tu ficha de observación:

- ¿Ha estado interesado en todo momento?
- ¿Se ha sentido cómodo? ¿Cuándo? ¿Por qué?
- ¿Ha hablado en la lengua meta? ¿Cuándo? ¿Por qué?
- ¿Cuándo no lo ha hecho?
- ¿Se ha bloqueado en la comprensión oral? ¿Por qué?
- ...

Te recomendamos preguntas breves que puedas contestar de manera rápida, además de elaborar un código personal de tal manera que puedas completarlo mientras los alumnos realizan una actividad.

Esta observación te ayudará a completar la que realice el alumno sobre sí mismo en diarios personales, diarios dialogados o cuestionarios (véase la bibliografía, más abajo) lo que te ayudará a tomar decisiones respecto a las dinámicas del aula y a exponer al alumno, en una entrevista final, los progresos que has observado.

Comentarios

La actividad también se puede realizar en grupos de otros niveles de español.

A continuación te proponemos distintos títulos para que puedas profundizar en el tema de la evaluación:

Baxter, A.: *Evaluating your Students*, Richmond Publishing, Londres, 1997.

Cassany, D.: *Reparar la escritura. Didáctica de la corrección de lo escrito,* Graó, Barcelona, 2000.

Coll y Martín: «La evaluación del aprendizaje en el currículo escolar: Una perspectiva constructivista», *El constructivismo en el aula,* Graó, Barcelona, 1993.

Fernández Pérez, M.: *Las tareas de la profesión de enseñar,* Siglo XXI Editores, Madrid, 1994.

García Abia, B.: «La evaluación en el aula de E/LE», Revista *Adesasoc,* agosto de 2000.

García Abia, B.: «El buzón de Belén», http://cvc.cervantes.es/aula/didactired/anteriores/enero_01/08012001.htm.

Zabala, A.: *La práctica educativa. Cómo enseñar*, Graó, Barcelona, 2000.

TERRIBLE EXAMEN DE PALABRAS

José Plácido Ruiz Campillo

Clasificación

Apartado: Evaluación

Destinatarios: Jóvenes y adultos

Tipo de agrupamiento en clase: Grupos de 3 a 5 personas

Preparación

Tiempo de preparación: 30 minutos

Recursos: Tarjetas

Duración de la actividad en clase: 45-60 minutos

Descripción

Con la actividad que se propone se trata de evaluar el grado de asimilación por parte de los alumnos de los contenidos léxicos que se han ido presentando a lo largo de un curso. Para ello, se utiliza una técnica que potencia la creatividad y el ambiente lúdico. Por otra parte, con ella se crean oportunidades para aprender o recordar contenidos y se va más allá del tipo de evaluación de los exámenes tradicionales que se pronuncia respecto a la corrección e incorrección de los escritos de los alumnos.

Selecciona un número determinado de ítems entre todo el vocabulario (incluyendo expresiones) que se ha trabajado durante el curso o la parte del curso que se quiere evaluar (aproximadamente unos cuarenta ítems para una sesión). Confecciona tantas tarjetas como ítems incluyas con preguntas de distinto tipo. Las preguntas pueden estar formuladas desde la palabra al significado, o bien desde el significado a la palabra. Conviene mezclar los dos tipos de preguntas, de manera que se pongan en juego tanto la capacidad productiva como comprensiva de los alumnos. A continuación se proponen algunos ejemplos.

Rascarse.	El estudiante explica qué significa esta palabra: «Haces eso cuando algo te pica».
Cuando las ranas crien pelo.	El estudiante explica qué significa esta expresión: «Una forma irónica de decir *nunca*».
Cuando tu novia tiene un lío con "otro", ¿qué te pone?	El estudiante señala la expresión que corresponde al significado que aparece en la tarjeta: «Poner los cuernos».
(Dibujo de unas esposas)	El estudiante dice qué palabra se corresponde con el dibujo que aparece en la tajerta: «Esposas».

El día que se haya fijado para el examen, coloca las tarjetas en un taco, boca abajo, en tu mesa y explica a tus alumnos el procedimiento de evaluación. Organiza la clase en tres o cuatro equipos, dales un nombre a cada uno de ellos y dibuja en la pizarra una tabla donde se vaya a recoger la puntuación de cada grupo. Comenta el tipo de preguntas que aparecen en las tarjetas y pon un ejemplo de cuál debe ser la respuesta en cada caso (por ejemplo, si en la tarjeta aparece escrita la palabra *perro*, tienen que decir: «Es un animal que hace guau, guau»).

Explícales también que, aunque se ha organizado la clase en grupos, en cada turno, solo debe responder un alumno. Para ello, este debe salir al centro de la clase, coger una tarjeta y responder, sin que nadie de su grupo le pueda ayudar y en caso de que lo hagan recibirán una penalización. Si responde bien, conseguirá un punto para su equipo; si lo hace mal, el siguiente equipo (y ahora sí, todos los miembros del equipo pueden sumar conocimientos) tiene la oportunidad de obtener ese punto. Si tampoco el segundo equipo puede responder a la pregunta, esta puede volver a formularse al primer equipo. Recuerda a los alumnos que todos tienen que participar.

Comentarios

Se puede mejorar mucho la calidad lúdica y rebajar el nivel de tensión y responsabilidad que cada alumno asume al salir solo al centro de la clase, si entre las preguntas de vocabulario se intercalan otras que diviertan o introduzcan nuevos contenidos. Por ejemplo, se pueden insertar preguntas (unas diez ó quince) organizadas en las categorías de «buena suerte» y «mala suerte» y que vayan marcadas en el dorso de las tarjetas. De este modo tendríamos:

1. Tarjetas blancas: preguntas de examen (palabras objeto de examen).

2. Tarjetas con una cara sonriente: preguntas de buena suerte, que se supone que son facilísimas, aunque se puede jugar con esto. Algunos ejemplos: *¿De qué color era el caballo blanco de Santiago?*; *Oro parece, plata no es, ¿qué es?*; *¿De dónde vienen los niños?*; o incluso algunas en que juguemos con los conocimientos personales adquiridos a lo largo del curso, como *¿De dónde es la novia de Sebastián?*, etc.

3. Tarjetas con una cara triste: preguntas de mala suerte (con lo que se disminuye la responsabilidad del alumno si no conoce la respuesta), donde podemos introducir palabras no trabajadas en clase para añadir un elemento de aprendizaje a la actividad de evaluación. Deben ser palabras o expresiones nuevas que resulten útiles para los alumnos. Pueden ser algunas como estas: *el interior de la oreja (oído)*, *una persona simple (tonta)*, *matasuegras*, etc.

En caso de adoptar esta versión de la actividad, convendría, no obstante, diferenciar la puntuación de las preguntas de examen del resto, por ejemplo puntuando el doble las primeras, o puntuando negativamente los errores en estas preguntas de examen, todo ello con el objetivo de que se vea justificada la calidad de examen de la actividad.

Sobra decir que el presente examen no arrojará demasiados datos objetivos con vistas a la calificación (los exámenes tradicionales raramente consiguen la objetividad). El objetivo no es, en todo caso, la calificación por parte del profesor (más allá de una apreciación general del progreso de la clase), sino una puesta en común lúdica de los contenidos objeto de aprendizaje en la que se proporciona una nueva oportunidad más para aprender a aquellos alumnos que se han descuidado, y una oportunidad para que demuestren lo que han aprendido aquellos estudiantes que han trabajado más.

En la selección de las preguntas, conviene utilizar las palabras o las expresiones más importantes por su frecuencia o por su relación con campos semánticos más amplios o familias de palabras. No perdamos de vista que esta actividad persigue, ante todo, hacer un repaso de lo que se ha estudiado durante el curso, más que comprobar si un alumno determinado da la respuesta adecuada a la pregunta planteada.

Por último, conviene no indicar a los alumnos que evaluaremos el dominio del vocabulario al final del curso mediante un juego o una competición, sino mediante un «terrible examen». Primero, porque la idea de un examen los espolea y los más despreocupados toman así más responsabilidad en aprender y recordar. Y segundo, porque cuando llegan al examen se llevan una sorpresa muy agradable: aunque tienen que demostrar sus conocimientos ante toda la clase, su evaluación ha quedado diluida entre la colectividad de los equipos y la aleatoriedad de las preguntas de buena y mala suerte. Y además, han recordado algunas cosas que no recordaban y han aprendido otras nuevas.

Negociación (de objetivos, contenidos, procedimientos metodológicos y procedimientos de evaluación)

IDENTIFICAR NECESIDADES

Alicia Clavel Martínez

Clasificación

Apartado: Negociación (de objetivos, contenidos, procedimientos metodológicos y procedimientos de evaluación)

Destinatarios: Profesores

Tipo de agrupamiento en clase: Individual

Preparación

Tiempo de preparación: Variable

Recursos: Ninguno

Duración de la actividad: 60 minutos

Descripción

Empezamos con esta actividad una serie de propuestas que pueden servir de marco y referencia a la tan cotidiana tarea de programar un curso, de tomar decisiones para que ese nuevo grupo de estudiantes tenga en el aula lo que necesita, tanto por lo que se refiere a contenidos como a procesos y metodología.

Programar un curso es algo habitual en nuestra práctica docente. Todos hemos hecho algunas preguntas a los nuevos estudiantes, hemos querido saber qué uso le quieren dar al español, qué aspectos de la gramática necesitan mejorar, o cuáles son sus actitudes en relación con un enfoque metodológico determinado. En ocasiones, los profesores nos conformamos con unos minutos de conversación en la primera clase y por tanto dejamos prácticamente sometidas a intuiciones las decisiones que podemos llegar a tomar a partir del análisis de necesidades. A fin de obtener un mayor grado de rigor en este sentido, presentamos una serie de ideas sobre algunos aspectos para desarrollar la programación de un curso; ideas que complementaremos con actividades, que nos permitan integrar el análisis de necesidades en la secuencia didáctica.

En primer lugar, parece importante distinguir entre variables y necesidades. Las primeras pueden identificarse, al menos en una aproximación superficial, pero operativa, con los datos personales del estudiante que normalmente aparecen en las fichas de inscripción o matrícula que ellos cumplimentan antes de empezar un curso. Las variables incluyen así mismo la consideración de cuestiones relacionadas con la institución, con los recursos disponibles, con el número de horas de docencia semanales, con el contexto de enseñanza (en un país de habla hispana o en el extranjero), etc. Sin olvidar que en todo ello podremos encontrar datos que complementen esa información que queremos obtener, dejemos las variables aparcadas por el momento. Cuando hablamos de necesidades, de análisis de necesidades, estamos acercándonos a una reflexión que incluye las variables, pero que va mucho más allá.

1. Te proponemos una primera actividad de reflexión:

   ¿Qué informaciones necesitas tener normalmente de tus estudiantes al comenzar un curso? Señala algunas de estas:

   - Edad
   - Sexo
   - Ocupación
   - Estudios
   - Nacionalidad
   - Tiempo que llevan estudiando español
   - Otras lenguas extranjeras que conocen
   - Actitudes hacia el aprendizaje de la lengua en el aula
   - Nivel de español
   - Aspectos de gramática que les interesa revisar o conocer
   - Materiales de aprendizaje que conocen
   - Estilos de aprendizaje

2. La ya clásica distinción de Brindley (1989) entre «necesidades orientadas al producto» y «necesidades orientadas al proceso» es nuestro punto de partida aquí. Las primeras nos conducen de manera directa a la determinación de contenidos para un curso dado y llegar a averiguarlas es tan sencillo como formular la siguiente pregunta:

   - ¿En qué ámbito o ámbitos va a utilizar el estudiante el español?
   - ¿Qué cuestiones, de las planteadas en el punto 1, pueden darnos pistas sobre los ámbitos en que van a utilizar el español nuestros alumnos? ¿Añadirías otras? ¿Cuáles?

   Responder a ello nos lleva a considerar, entre otros, los siguientes aspectos:

   - Temas que serán de su interés.
   - Situaciones lingüísticas en las que el alumno va a tener que desenvolverse.
   - Contenidos formales y la variedad y registros de lengua.

Con todo ello, estaríamos en disposición de elaborar un borrador de programación para nuestro curso, que incluiría ámbitos temáticos y vocabulario, funciones comunicativas y gramática. El paso relacionado con contenidos estaría, con ello, configurado.

3. Estrechamente vinculado a todo lo anterior se encuentran una amplia gama de cuestiones cognitivas y afectivas relacionadas con el proceso de enseñanza-aprendizaje que nos interesará delimitar para decidir qué aproximación metodológica resulta más adecuada. Estos serían los aspectos más importantes en este sentido:

- Tipología de actividades y selección de las que le resultan más útiles para aprender.

- Tipos de agrupamiento en clase y preferencias del estudiante.

- Medios para practicar las destrezas (si es de comprensión auditiva: canciones, diálogos, programas de radio o TV...; si es de comprensión lectora: prensa, revistas de interés general, documentos auténticos y marcadamente prácticos, etc.)

- Opinión del estudiante sobre el uso de la lengua objeto, el español, o la lengua materna en clase.

- Sentimientos sobre el aprendizaje de una lengua extranjera.

- Estilos de aprendizaje (tipo de destreza y objetivo —aprender léxico mejor leyendo, necesidad de escribir o de utilizar oralmente para recordar—, etc.).

Reflexiona y relaciona las siguientes situaciones con algunas de las cuestiones anteriores.

- Algunos estudiantes, en los primeros días de clase, pueden disgustarse por no entender al profesor, que se dirige a ellos exclusivamente en español.

- Puede ocurrir que el alumno se sienta inseguro de la calidad de su producción oral y por ello no intervenir en los diálogos en clase. Algunos llegan a declarar que se sienten «tontos» por no poder expresarse adecuadamente en español.

- Hay estudiantes que trabajan mejor solos, otros prefieren hacerlo en parejas. Es común la presencia en clase de algún estudiante que, en ocasiones, no interviene por timidez en actividades en las que participa toda la clase.

- Se da con frecuencia el caso de los alumnos que demandan más ejercicios de práctica controlada de la gramática, algunos disfrutan con los vacíos de información, otros con los debates...

- Hay estudiantes a los que les encanta leer, otros prefieren comunicarse oralmente. Los hay que ven mucha televisión porque dicen aprender bastante vocabulario.

Piensa un momento cómo has resuelto estos problemas, qué tipo de decisiones has tenido que tomar para solventarlos.

Comentarios

En posteriores propuestas os ofreceremos dinámicas lúdicas con las que podamos obtener la información que necesitamos de nuestro grupo sin dejar de enseñar-aprender español y favoreciendo la concienciación del propio estudiante sobre sus necesidades y estilos de aprendizaje. Existen muchos tests destinados a analizar de manera muy exhaustiva las necesidades de los estudiantes, a los que podéis acudir si tenéis interés [García Santa-Cecilia (2000)]. Nuestra intención es la de integrar la labor de programar en el ámbito del aula, de donde quizás nunca debiera salir porque es del interés de todos, docentes y aprendientes.

Bibliografía

Brindley, G.: «The role of Needs Analysis in Adult ESL Program Design», en R. K. Johnson: *The Second Language Curriculum,* Cambridge University Press, Cambridge, 1989.

García Santa-Cecilia, A.: «Cómo se diseña un curso de lengua extranjera», *Cuadernos de Didáctica del Español/LE.* ArcoLibros, 2000.

Munby, J.: *Communicative Syllabus Design*, Cambridge University Press, Cambridge, 1988.

Nunan, D.: *Syllabus Design,* Oxford University Press, Oxford, 1988.

Richterich, R. y Chancerel, J. L.: *Identifying the Needs of Adults Learning a Foreign Language,* Prentice Hall, Londres, 1987.

Yalden, J.: *The Communicative Syllabus: Evolution, Design and Implementation,* Pergamon, Oxford, 1983.

¿PARA QUÉ NECESITAS EL ESPAÑOL? (I)

Alicia Clavel Martínez

Clasificación

Apartado: Negociación (de objetivos, contenidos, procedimientos metodológicos y procedimientos de evaluación)

Nivel: A2 Plataforma (Inicial)

Destinatarios: Jóvenes y adultos

Tipo de agrupamiento en clase: Parejas y grupos de 3 ó 4 personas

Preparación

Tiempo de preparación: 30 minutos

Recursos: Otro tipo de textos escritos

Duración de la actividad en clase: 60 minutos

Descripción

La presente propuesta se enmarca dentro de una serie que incluimos en este monográfico y que se ha iniciado con la actividad «Identificar necesidades» cuyo objetivo es el de integrar la labor de programación por parte del profesor en el proceso de enseñanza-aprendizaje del español.

El objetivo específico de la siguiente actividad, adecuada para el primer día de clase, es doble. Por una parte, se trata de activar recursos para identificarse y presentar el formato de una carta de solicitud de información, que servirá para que los estudiantes se conozcan, en especial por lo que se refiere a sus perfiles profesional o académico. Por otra parte, la actividad final que los estudiantes tienen que llevar a cabo puede ser utilizada por el profesor para saber en qué ámbitos necesita el estudiante utilizar el español. Es esta, por tanto, una primera propuesta de explotación didáctica para la determinación de las necesidades orientadas al producto a que hacíamos referencia en «Identificar necesidades», la actividad que sirve de introducción para esta serie.

Pregunta a tus alumnos cómo contactaron con el centro de estudios en el que se van a desarrollar las clases de español de ese curso (carta, correo electrónico, teléfono, referencia de un amigo, compañero, prensa), por qué se inclinaron por esa elección y qué información tuvieron que dar para formalizar la matrícula.

1. Organiza la clase en parejas y entrega a cada pareja una carta en la que un estudiante de lenguas extranjeras expone sus datos personales y alude a su perfil profesional. En los textos que crees como modelo ha de haber información sobre la necesidad de aprender español para el trabajo o los estudios. En las cartas trata de reflejar los datos que te interese obtener para el análisis de necesidades de tu grupo de alumnos. Así mismo, las muestras creadas deben ser variadas en cuanto a los perfiles profesionales o académicos que presentan. Los distintos escritos, dirigidos a una academia de español, pueden tener como objetivo solicitar un curso que se adapte a las necesidades del estudiante sujeto de la muestra. Incluimos una ⩘ **Carta** que te puede servir de modelo.

2. Tras la lectura de las cartas que a cada grupo le ha correspondido, los estudiantes comentan en gran grupo cuáles son los distintos perfiles de las personas que firman esos textos.

3. Pídeles ahora que cada alumno describa cuál es su propio perfil académico o profesional. Después se comentan en grupo las coincidencias y aspectos comunes. De esta puesta en común surgirán respuestas individuales a la pregunta: «¿Para qué necesitas el español?».

4. Por último, organiza la clase atendiendo a criterios comunes: los que quieren aprender español para hacer turismo, los que lo necesitan para el trabajo, los que quieren ampliar sus conocimientos con una finalidad más académica u otras. La actividad final consiste en que elaboren una carta similar a la que se les había proporcionado, pero dirigiéndose como grupo con los datos y perfiles de cada uno al centro de estudios de español donde se va a realizar el curso. De este modo, podrás contar con la información que necesitas para tomar decisiones sobre contenidos (temas, gramática y vocabulario, funciones comunicativas) y empezar a elaborar una programación que se ajuste más a las necesidades de tus estudiantes.

Carta

A la atención del Director
Academia *La apuesta segura*
Paseo de las Suertes, 14
Granada

Zurich, 25 de febrero de 2002

Muy Sr. Mío:

Me dirijo a Ud. con la intención de obtener información sobre cursos de español para extranjeros que se adapten a mis necesidades. Soy una estudiante suiza de Turismo, tengo veinticuatro años y necesito mejorar mi español para poder dedicarme profesionalmente al Turismo en el futuro. Mis conocimientos de español son de nivel intermedio alto y quisiera saber si su escuela dispone de cursos especializados en este campo profesional. Tengo intención de ir a España a mejorar mi español el próximo verano.

En espera de su respuesta, lo saluda cordialmente,

Edith Laemmel

¿PARA QUÉ NECESITAS EL ESPAÑOL? (II)

Alicia Clavel Martínez

Clasificación

Apartado: Negociación (de objetivos, contenidos, procedimientos metodológicos y procedimientos de evaluación)

Nivel: A2 Plataforma (Inicial)

Destinatarios: Jóvenes y adultos

Tipo de agrupamiento en clase: Parejas y grupos de 3 ó 4 personas

Preparación

Tiempo de preparación: 10 minutos

Recursos: Ninguno

Duración de la actividad en clase: 60 minutos

Descripción

La presente propuesta es la tercera de una serie iniciada con «Identificar necesidades» y «¿Para qué necesitas el español? (I)», ambas actividades incluidas en este volumen, cuyo objetivo es el de integrar la labor de programación por parte del profesor en el proceso de enseñanza-aprendizaje del español.

El objetivo de la siguiente actividad, adecuada para los primeros días de clase, es doble. Por una parte, se trata de activar recursos para hablar de las profesiones y del perfil académico de los estudiantes y revisar con los alumnos la formulación de preguntas. Por otra parte, la actividad puede ser utilizada por el profesor para saber en qué ámbitos necesita el estudiante utilizar el español. Es esta, por tanto, una segunda propuesta de explotación didáctica para la determinación de las necesidades orientadas al producto a que hacíamos referencia en «Identificar necesidades».

1. Pide a cada estudiante que se imagine a sí mismo en un lugar y en una situación concreta en los que crea que va a necesitar utilizar el español en el futuro.

2. Proponles que anoten en un papel la siguiente información:

   • Ámbito general en que creen o quieren usar el español en el futuro.

   • Un lugar en el que creen que van a tener que usar el español.

   • Una situación concreta que piensen que se va a desarrollar usando el español.

Ejemplo: «Me imagino dando una conferencia en español en un congreso sobre proyectos de cooperación internacional».

Para facilitar sus respuestas, ofréceles una lista de ámbitos posibles:

• Profesiones: turismo, ingenierías, hostelería, cooperación internacional, abogados... (Las que correspondan a los estudiantes con los que habitualmente trabajas.)

- Estudios: historia, lengua y literatura, matemáticas, política, etc.

- Generales: viajar, leer, pasar una temporada en un país de habla hispana, etc.

3. Organiza a los estudiantes por parejas y pídeles que averigüen para qué necesita el español su compañero. Para ello, podrán hacerle preguntas a las que el alumno entrevistado sólo podrá contestar con respuestas afirmativas o negativas, del tipo *sí* o *no*.

4. En una puesta en común, los estudiantes comentarán oralmente la información que han conseguido de sus compañeros. Ve anotando tú en la pizarra los nombres de los alumnos y ve clasificándolos según los ámbitos anteriores.

5. Luego, reagrupa a los estudiantes según objetivos comunes y pídeles que, en grupos, señalen temas que les resultaría interesante tratar en la clase y que se adapten a sus necesidades de uso del español. Si te parece, puedes organizar un concurso cuyo ganador podría ser el grupo que en diez minutos sugiera el mayor número de temas para la clase de español.

Esta última actividad es especialmente importante pues te servirá para obtener información sobre los temas y situaciones de comunicación que interesen más a tu grupo de alumnos y que seguro enriquecerán la programación del curso que se va a desarrollar.

NEGOCIAR LA PROGRAMACIÓN (I)

Alicia Clavel Martínez

Clasificación

Apartado: Negociación (de objetivos, contenidos, procedimientos metodológicos y procedimientos de evaluación)

Nivel: B1 Umbral (Intermedio)

Destinatarios: Jóvenes y adultos

Tipo de agrupamiento en clase: Individual y grupos de 3 ó 4 personas

Preparación

Tiempo de preparación: 30 minutos

Recursos: Ninguno

Duración de la actividad en clase: 15 minutos

Página de Internet recomendada:
http://cvc.cervantes.es/obref/marco/cap_04.htm

Objetivos

La presente actividad tiene como objetivo la negociación de la programación del curso entre los estudiantes y el profesor.

Esta propuesta es la cuarta de una serie, cuyas entregas anteriores han sido **«Identificar necesidades»**, **«¿Para qué necesitas el español (I)»** y **«¿Para qué necesitas el español (II)»**, todas ellas incluidas en este volumen, cuyo objetivo es el de integrar la labor de programación en el proceso de enseñanza/aprendizaje del español. Esta técnica consiste en una actividad que puede resultar útil para realizar en los primeros días del curso y que puede estar especialmente indicada para los cursos que transcurren en contextos de inmersión lingüística.

Introducción a la actividad

Pide a tus alumnos que anoten en un papel aquellas situaciones en las que, hasta la fecha, han utilizado el español y aquellas otras en las que, a partir de ahora, prevean su uso. ¿Son situaciones diferentes? ¿Son compartidas por otros compañeros de la clase? ¿Las situaciones y contextos de uso del español van aumentando a medida que van consolidando su aprendizaje?

Elabora un borrador de programación a partir de los datos obtenidos en el análisis de necesidades que tus alumnos han realizado en **«¿Para qué necesitas el español (I)»** y **«¿Para qué necesitas el español (II)»**. Para ello prepara una tabla en la que figuren los contenidos gramaticales y las nociones, relacionadas con el vocabulario y las funciones. Además, debajo de la tabla, deberás anotar algunas situaciones de comunicación concretas donde se emplee ese vocabulario y se pongan en práctica esas funciones y que impliquen el uso de todas las destrezas y que puedan servir de contexto para diseñar actividades comunicativas. Incluimos un ejemplo de cómo puede elaborarse ese ⩔ **Borrador**.

Una vez que tengas el borrador de las unidades preparadas, extrae la lista de situaciones que hayas seleccionado. Recuerda que dichas situaciones podrían cubrir cuatro ámbitos diferentes: el personal, el público, el profesional y el educativo y que pueden describirse en función del lugar, las personas implicadas, los objetos del entorno, etc. Un buen punto de referencia para determinar posibles situaciones a partir de contextos externos de uso de la lengua lo proporciona el *Marco común europeo de referencia para las lenguas: aprendizaje, enseñanza y evaluación*.

Prepara una lista con situaciones adecuadas al nivel de español de tus estudiantes. Entrega una fotocopia a cada alumno y pídeles que las clasifiquen de acuerdo con la posibilidad de que ellos se vean inmersos en ellas al utilizar el español. Un criterio para organizar las situaciones que les propongas puede ser este: Muy posible / Posible / Poco probable / Improbable.

Cuando hayan ordenado todas las situaciones presentadas, organiza una puesta en común y toma nota de los resultados. Hazte con una copia de esas listas.

Pídeles después que te digan si han pensado en otras situaciones posibles que no han quedado recogidas en la lista. Toma nota de ellas y revisa tu borrador de programación con esos nuevos datos.

Comentarios

Esta actividad se puede llevar a cabo en otros niveles, por ejemplo en grupos de nivel avanzado o superior.

El profesor debería recoger todas las sugerencias de los estudiantes. Una posible manera de mantener la programación abierta el resto del curso consiste en elaborar esquemas de programación que se vayan completando a lo largo del mismo con nuevas propuestas, o que se vayan reformulando de acuerdo con el desarrollo de la programación. Los esquemas pueden colgarse en la pared de la clase o ser revisados y actualizados una vez a la semana en una puesta en común al final de una clase. Por otro lado, puede resultar muy útil para los estudiantes y el profesor mantener un cierto control sobre el momento en el que se encuentran, pues ellos prevén contenidos que, en el caso de las clases en inmersión, pueden resultar extremadamente enriquecedores para el aprendizaje.

⌄ Borrador

Funciones	Gramática	Léxico	Temas
Pedir y conceder permiso *¿Puedo pasar?* *¿Podría abrir la ventana, por favor?* *Pasa, pasa.* *Fume, fume.*	Presente y condicional simple Uso Imperativo *Tú, usted* Uso	Relacionado con las sensaciones térmicas, con fumar y sus restricciones...	Normas de conducta cívica (fumar, comer...) Cortesía en la petición y concesión de permiso...

Situaciones específicas relacionadas:

- Visitas una oficina de información y encuentras la puerta cerrada.
- En la sala de espera del dentista hace calor y la ventana está cerrada.
- Quieres fumarte un cigarrillo y no se indica que esté prohibido.
- En un bar, necesitas llamar, tu móvil está sin batería y no hay teléfono público.

NEGOCIAR LA PROGRAMACIÓN (II)

Alicia Clavel Martínez

Clasificación

Apartado: Negociación (de objetivos, contenidos, procedimientos metodológicos y procedimientos de evaluación)

Nivel: B1 Umbral (Intermedio)

Destinatarios: Jóvenes y adultos

Tipo de agrupamiento en clase: Individual y toda la clase

Preparación

Tiempo de preparación: 30 minutos

Recursos: Ninguno

Duración de la actividad en clase: 20 minutos

Páginas de Internet recomendadas:
http://cvc.cervantes.es/obref/marco/cap_04.htm
www.elpais.es
www.clubcultura.com/clubhumor/quino/espanol/trabajos.htm
www.recetas.net
www.consumer.es/web/es/bricolaje

Objetivos

La presente actividad tiene como objetivo la negociación de la programación del curso entre los estudiantes y el profesor.

Esta propuesta es la quinta de una serie incluida en este volumen, cuyas entregas anteriores han sido «Identificar necesidades», «¿Para qué necesitas el español (I)», «¿Para qué necesitas el español (II)» y «Negociar la programación (I)», cuyo objetivo es el de integrar la labor de programación en el proceso de enseñanza/aprendizaje del español. Se trata, pues, de una actividad que puede resultar interesante en los primeros días del curso.

Introducción a la actividad

Haz acopio de todos los textos auténticos que tengas a tu disposición y cuya dificultad no sea excesiva para el nivel de tus estudiantes. Puedes tomar, como punto de referencia, la tipología de textos escritos proporcionada en el *Marco de referencia para el aprendizaje, la enseñanza y la evaluación de las lenguas,* de la que te presentamos algunos ejemplos:

- Libros de ficción y no ficción, incluyendo publicaciones literarias
- Revistas
- Periódicos
- Manuales de instrucciones (bricolaje, libros de recetas de cocina, etc.)
- Libros de texto
- Tiras cómicas
- Catálogos, prospectos de medicamentos
- Folletos

En las siguientes direcciones de Internet puedes encontrar algunos textos que podrás llevar directamente a la clase:

Prensa diaria: www.elpais.es

Tiras cómicas: www.clubcultura.com/clubhumor/quino/espanol/trabajos.htm

Recetas: www.recetas.net

Bricolaje: www.consumer.es/web/es/bricolaje

Pregunta a tus estudiantes de manera informal qué tipo de textos leen normalmente en su lengua, en su vida cotidiana. Procura que todos den una respuesta, por breve que sea.

Pasos de la actividad

1. Coloca los documentos auténticos que hayas seleccionado sobre una mesa, y sobre cada uno de ellos pega una etiqueta que permita a los estudiantes identificarlos (prensa diaria, tira cómica, receta, etc.).

2. Pide a los estudiantes que echen un vistazo a todos los textos presentados y que elijan dos o tres tipos de acuerdo con sus preferencias, con la utilidad que ellos consideran que estos documentos pueden tener para aprender español, y de acuerdo también a las posibilidades que ellos van a tener de usarlos en su vida diaria. La elección ha de ser secreta, ningún alumno puede mostrar a sus compañeros qué textos ha elegido.

3. A continuación, en gran grupo, pídeles que adivinen qué texto o textos ha elegido un estudiante determinado. Después, tendrán que hacer hipótesis sobre los documentos elegidos por el alumno que ha adivinado y así sucesivamente.

4. Organiza una puesta en común con toda la clase para reflexionar sobre dónde se pueden encontrar cada uno de los documentos presentados, qué uso se hace de ellos (búsqueda de información, localización de instrucciones para hacer algo, entretenimiento…), el conocimiento del vocabulario que la comprensión de cada uno de los textos implica, qué textos serían ellos capaces de producir en español, ya sea por sus conocimientos, o por su presencia en su vida cotidiana, etc.

5. Las preferencias que los estudiantes expresen servirán para orientarte sobre los tipos de texto que les van a resultar más interesantes y motivadores en las actividades de clase.

Comentarios

Esta actividad puede llevarse a cabo en grupos de otros niveles, como avanzado o superior.

La información que el profesor obtiene tras la realización de esta actividad, puede incorporarla e integrarla de alguna manera en su programación del curso a partir de los contenidos léxicos, funcionales o gramaticales que ya haya seleccionado como objetivos del curso. Las actividades en las que los diferentes tipos de texto se pueden integrar implicarán tanto la práctica de la comprensión lectora como la de la expresión escrita.

Una posible extensión de esta actividad consiste en pedir a los estudiantes que lleven al aula aquellos documentos que consideren interesantes para trabajar en clase con el resto de los compañeros.

NOS CONOCEMOS Y NEGOCIAMOS

Isabel Santos Gargallo

Clasificación

Apartado: Negociación (de objetivos, contenidos, procedimientos metodológicos y procedimientos de evaluación)

Nivel: B2 Avanzado (Avanzado)

Destinatarios: Jóvenes y adultos

Tipo de agrupamiento en clase: Individual

Preparación

Tiempo de preparación: Ninguno

Recursos: Ninguno

Duración de la actividad en clase: 30 minutos

Descripción

El objetivo de esta actividad es reflexionar sobre el estilo de enseñanza-aprendizaje que va a predominar en clase y negociar con los alumnos algunas pautas de funcionamiento interno. Se trata de una actividad algo arriesgada y, en mi opinión, requiere contar con la empatía del grupo para llevarla a cabo con éxito.

Para el desarrollo de la primera parte de esta actividad, organiza a los alumnos en pequeños grupos de cuatro ó cinco personas. Proponles que definan el perfil humano y académico del alumno ideal. Para ello deberán utilizar adjetivos como *organizado, motivado, colaborador, responsable, participativo,* etc. Destina aproximadamente unos diez minutos de la clase para esta fase de la actividad.

Después organiza una puesta en común. Ve apuntando en la pizarra los rasgos que vayan indicando que le corresponde al alumno ideal. A continuación, de forma individual, cada miembro de la clase subrayará tres cualidades de ese estudiante imaginario que reconozca no poseer o no poner en práctica.

En la segunda parte de esta actividad, el reto consistirá en señalar entre todos el perfil humano y profesional del profesor ideal y para ello, se procederá repitiendo la dinámica de la fase anterior (trabajo en grupos y puesta en común).

El final de la actividad queda abierto y depende mucho del grado de empatía existente entre el profesor y los alumnos y de hasta qué punto uno y otros desean o pueden examinarse públicamente y comprometerse a mejorar aspectos deficientes de su tarea; pero el objetivo es mejorar nuestro papel dentro del aula (el del profesor y el de los alumnos) y así lograr un mayor y mejor proceso de enseñanza-aprendizaje.

Comentarios

No ignoro que la actividad resulta arriesgada –aviso he dado de ello–; sin embargo, mi experiencia personal ha sido positiva y no solo con alumnos extranjeros, sino también con alumnos españoles en contexto universitario, en cursos específicos de metodología.

PONER LOS CIMIENTOS DE LA CLASE

Nuria Vaquero Ibarra

Clasificación

Apartado: Negociación (de objetivos, contenidos, procedimientos metodológicos y procedimientos de evaluación)

Destinatarios: Jóvenes y adultos

Tipo de agrupamiento en clase: Individual y toda la clase

Preparación

Tiempo de preparación: Ninguno

Recursos: Ninguno

Duración de la actividad en clase: 20-30 minutos

Descripción

El objetivo de esta actividad es propiciar una reflexión en la clase sobre el proceso de aprendizaje de la L2 y la importancia de todos los aspectos lingüísticos implicados (gramática, léxico, fonética...) en ello.

Se trata también de negociar con los alumnos el espacio que cada uno de estos apartados va a tener en la clase. Por último, esta actividad puede servir al profesor para conocer los estilos de aprendizaje de los distintos alumnos de la clase.

Explica a tus alumnos que tienen que realizar el boceto de una casa. En su dibujo se deben apreciar perfectamente los distintos elementos que la componen: cimientos, vigas, paredes, ventanas, tejado, puerta principal, persianas, adornos, etc. Cada uno de ellos va a representar un elemento concreto relacionado con el aprendizaje del español (gramática, vocabulario, fonética y pronunciación, lectura, audiciones, tareas de escritura, cultura, participación en clase, trabajo individual...).

Los alumnos tienen que plasmar en su boceto la importancia y el espacio que creen que estos contenidos tienen que tener en la clase de español.

Pon un ejemplo para que se capte mejor la mecánica de la actividad. Explícales que si creen que el trabajo en la clase con la gramática es fundamental deberán colocarla como un cimiento de su casa, y si la entienden como algo a lo que no hay que prestar tanta importancia la deberán colocar como un adorno.

Señala a tus alumnos que para hacer la actividad deben seguir los siguientes pasos:

- Dibujar la estructura de la casa.

- Escribir en una lista todos los aspectos que les parecen importantes o fundamentales y que han de tener un espacio concreto en una clase de español.

- Situar cada una de las cosas de la lista en el boceto de la casa según sean más o menos fundamentales para ellos.

En la base y en los cimientos tendrán que aparecer los elementos que consideran fundamentales y después en las paredes de la casa, ventanas o puertas y adornos, aquellos que les resulten más accesorios.

Cuando los alumnos terminen de construir sus casas, se colocan todas ellas en la pizarra o en algún lugar visible de la clase desde donde se puedan ver los distintos dibujos. Por orden, cada alumno explica su boceto y comenta las razones que le han llevado a distribuir los distintos elementos de una manera o de otra. Es muy importante que en esta fase de la actividad los alumnos se expresen con entera libertad y se respeten las distintas opiniones.

Puedes moderar un diálogo y, a partir de los comentarios de los alumnos, sugerir algunas ideas de organización de las clases. Negocia con los alumnos la importancia de algunos contenidos. Por último, para plasmar los acuerdos alcanzados, dibujad en la pizarra un nuevo boceto que simbolice la distribución de contenidos y la importancia que le vais a dar a algunos temas o aspectos (gramática, vocabulario, dinámicas, juegos, etc.) en vuestras clases.

Comentarios

Esta actividad se puede utilizar también para trabajar el uso del subjuntivo para expresar opiniones en expresiones como estas: *Me parece necesario/innecesario/adecuado/interesante… que prestemos atención especial al vocabulario en las clases... / Me parece importante... / No considero fundamental que... / Veo oportuno que...* etc.

A continuación se incluye el ⌐ **Dibujo** que hizo una alumna alemana de español de nivel intermedio alto y la interpretación del mismo.

- Los contenidos gramaticales son los pilares, porque son el fundamento de la lengua. No puedes hablar sin saber la estructura de la lengua.

- Las palabras son los cimientos: tienen la misma importancia que la gramática.

- Para conseguir un nivel alto de conocimientos en gramática y vocabulario hay que escribir. Por eso, la escritura es el cemento de la casa y los pilares y los cimientos se unen con cemento.

- Leer es como si fueran las ventanas, porque abren las ventanillas y permiten asomarse a una lengua. La otra ventana es la cultura. El idioma abre la ventana a la cultura de un país.

- Hablar es la tarjeta de presentación. Si no hablas es como si no entraras en la casa, como si estuvieras perdido en el bosque.

- La pronunciación es el suelo porque dan soporte a la forma de hablar.

- Las escaleras son el trabajo individual: si no haces ejercicios no llegas a la planta de arriba.

- Ver películas es la buhardilla, porque siempre he tenido muy buenas ideas en la buhardilla de mi abuela. Cuando ves una película te acuerdas de palabras o frases de la calle.

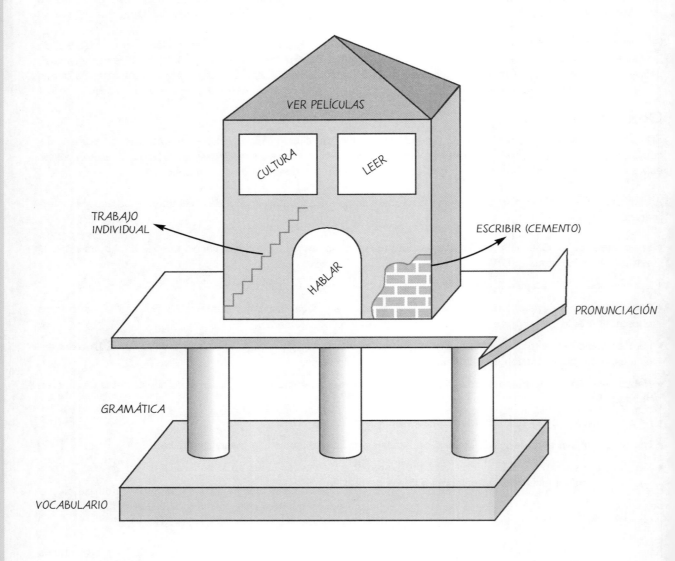

Estructura de las sesiones de clase (comienzos, transiciones y cierres)

ATRÉVETE A PREGUNTAR

Milagros Ortín Fernández-Tostado

Clasificación

Apartado: Estructura de las sesiones de clase (comienzos, transiciones y cierres)

Destinatarios: Jóvenes y adultos

Tipo de agrupamiento en clase: Toda la clase

Preparación

Tiempo de preparación: Ninguno

Recursos: Ninguno

Duración de la actividad en clase: 10 minutos

Descripción

Di a tus alumnos que les vas a contar tu fin de semana pero que tienen que intentar interrumpirte e impedir que termines de hablar sobre ello, haciéndote preguntas en las que retomen algunas palabras que vas usando. Escribe en la pizarra este modelo de diálogo para que se capte la mecánica de la actividad:

Profesor: El viernes pasado…

Alumno: ¿Era el viernes por la mañana o por la tarde?

Profesor: Era por la tarde… Bueno, fui a ver una película…

Alumno: ¿Era una película española o extranjera?

Empieza a relatar a tus alumnos cómo ha sido tu fin de semana. Cuando creas que ha intervenido la mayoría de los alumnos, organiza la clase en parejas para repetir, ahora entre ellos, la misma dinámica.

Comentarios

Es una actividad excelente para comenzar una clase después de un fin de semana. Ayuda a que los alumnos pierdan el miedo a participar en las conversaciones entre nativos. En este sentido hay que insistir en que las preguntas que muchas veces hacemos para interrumpir una narración, lejos de ser interpretadas como una falta de atención o de descortesía, a menudo reflejan el interés que sentimos por lo que nos está contando nuestro interlocutor y que demuestran que estamos siguiendo la intervención de otra persona.

Antes de pasar a la fase de realización de la actividad en parejas, es conveniente asegurarse de que los alumnos están «entrenados» en la dinámica de la actividad.

Adaptado de Ur, P.: *Five Minute Activities*, Cambridge University Press, Cambridge, 1992.

HOY TENEMOS UNA FIESTA

Conchi Rodrigo Somolinos

Clasificación

Apartado: Estructura de las sesiones de clase (comienzos, transiciones y cierres)

Nivel: B1 Umbral (Intermedio)

Destinatarios: Jóvenes y adultos

Tipo de agrupamiento en clase: Individual

Preparación

Tiempo de preparación: 5 minutos

Recursos: Ninguno

Duración de la actividad en clase: 50 minutos

Descripción

Comienza explicando a tus alumnos que, como es el primer día de clase y como vais a tener que trabajar juntos durante un curso, lo mejor es realizar una actividad para conoceros. Pídeles que escriban su nombre con letra clara y en una hoja de papel y que lo coloquen en la pared.

A continuación anímales a que se pongan de pie. Pon una música de fondo, preferiblemente española o hispana, y que sea algo movida. Pregúntales en qué situaciones la gente está como ahora están ellos: de pie y hablando para presentarse. Pon la música un poco alta porque se trata de que los alumnos relacionen la situación de la clase con el contexto de una fiesta.

Seguidamente, explica la actividad: mientras suena la música, tienen que hablar, en parejas, para conocerse. Cuando pare la música, cada uno se acercará a la hoja de papel de su pareja y escribirá en ella toda la información que haya descubierto sobre su compañero.

Después pon de nuevo la música. Ahora los estudiantes tienen que cambiar de compañero y seguirán conociéndose. Cuando la música termine, deberán leer la información que ya está escrita en la hoja de este compañero y añadir sólo datos nuevos.

Una vez que todos los alumnos han hablado con todos sus compañeros o con casi todos (el profesor también puede participar como uno más), se lee la información que se ha escrito sobre cada alumno y la persona de la que se habla comenta si está de acuerdo o no con los comentarios que sobre él han hecho sus compañeros. Los demás pueden aprovechar para hacerle más preguntas.

La corrección del escrito se puede hacer al día siguiente.

El último día de clase se puede retomar la actividad y comparar lo que recuerdan que conocieron de sus compañeros el primer día de clase y lo que saben ahora sobre ellos. A partir de sus respuestas, se puede plantear un debate en clase para comentar para qué sirve una clase de español, además de, por supuesto, para aprender español.

Comentarios

Esta actividad se puede realizar con alumnos de otros niveles de español, excepto en las clases de nivel inicial.

Es importante que las hojas de papel en las que aparecen los nombres de los alumnos se coloquen en las paredes del aula. Recurrir a la pared para tener acceso a la información, aporta dinamismo a la clase, ya que los alumnos tienen que moverse. La música, cuando marca el principio o final de una actividad o, incluso, cuando forma parte de la propia actividad contribuye a crear un ambiente más fluido en la clase.

Esta actividad está adaptada de Moskowitz, G.: *Caring and Sharing in the Foreign Language Classroom*, Newbury House, Massachusetts, 1978.

MI RETRATO, TU RETRATO

Manuela Gil–Toresano Berges

Clasificación

Apartado: Estructura de las sesiones de clase (comienzos, transiciones y cierres)

Destinatarios: Jóvenes y adultos

Tipo de agrupamiento en clase: Grupos de 3 ó 4 personas y toda la clase

Preparación

Tiempo de preparación: 10 minutos

Recursos: Ninguno

Duración de la actividad en clase: 15-20 minutos

Descripción

El objetivo de esta actividad es facilitar y hacer amena la tarea de presentarse el primer día de clase.

La actividad consta de dos partes: primero todos —incluido el profesor— vamos a dibujar nuestro retrato y lo vamos a comentar. Para ello, el profesor dibuja en la pizarra un monigote —el clásico, hecho con palotes— y pide a los estudiantes que dibujen uno en una hoja. Esta es la base común para todos los retratos.

Luego se irá adornando y vistiendo de forma personal; para hacer esto, vamos a oír una serie de instrucciones y dibujaremos en nuestro retrato lo que corresponda según las opciones. El profesor las lee y las repite si se lo piden o si ve a alguien despistado. Él debe ir dibujando su propio retrato en la pizarra. Algunas instrucciones posibles son:

- Si eres europeo te pones una camisa; si no eres europeo te pones una camiseta. (ORIGEN)

- Si vives en el norte de la ciudad te pones un sombrero mexicano, y si vives en el sur, un sombrero típico inglés. (LUGAR DE RESIDENCIA / PARTE DE LA CIUDAD)

- Si practicas algún deporte te pones unos pantalones cortos; si no, unos pantalones largos. (DEPORTES / AFICIONES)

- Si trabajas en el sector público te pones unas botas; si trabajas en el sector privado te pones unos zapatos, y si no trabajas te pones unas sandalias. (OCUPACIÓN)

- Si estás casado te pones un anillo, y si no, te pones un reloj. (ESTADO CIVIL)

- Si conoces España o Latinoamérica es de día; si no, es de noche.

- Si has estudiado antes en este centro te pones contento, y si no, triste.

- Escribe tu nombre debajo de tu retrato.

El profesor pide opinión sobre su dibujo («¿Qué tal he quedado?»; «¿Qué os parece mi retrato?»), y muestra interés por los de los estudiantes («¿Y los vuestros qué tal?»), se acerca, los mira, alaba la creatividad y los anima a que se los enseñen unos a otros.

Ahora es el momento de comentar los dibujos. Primero se empieza con el del profesor: esto sirve de ejemplo, por una parte, siendo el primero en hablar de sí mismo, y, por otra parte, como ejemplo de lengua. El profesor pregunta: «Mirando mi retrato, ¿qué sabéis de mí?». Se van mencionando los atributos del retrato y su significado y el profesor incita a los estudiantes a que sean curiosos y le hagan un par de preguntas sobre cada aspecto. Por ejemplo: «Llevas pantalones cortos, entonces haces deporte: ¿qué deporte haces?»; «¿Desde cuándo lo practicas?»; « Vives en el sur de la ciudad, ¿en qué barrio?»; «¿Vives en una casa o en un piso?»; « ¿Te gusta tu barrio?», etc.

Ahora los estudiantes van a comentar sus retratos. Se forman grupos de tres o cuatro personas. El profesor pide a los estudiantes que pasen su retrato al compañero de la derecha. Cada uno es ahora intérprete del retrato de otra persona. Por turnos, cada miembro del grupo va presentando a su compañero y después de cada aspecto presentado se harán dos o tres preguntas.

Para terminar, el profesor realiza una pequeña puesta en común con el fin de destacar lo positivo del grupo: los intereses comunes, la riqueza de experiencias, la variedad de nacionalidades, las dotes artísticas, etc.

Comentarios

Esta actividad se puede hacer con cualquier nivel —excepto principiantes absolutos, obviamente—; solo es cuestión de adaptar la dificultad de las instrucciones, en el nivel léxico o en el gramatical.

Las instrucciones dadas son solo un modelo. A la hora de elegir los aspectos personales que se van a mencionar, el profesor debe tener presente el contexto de enseñanza y las circunstancias socioculturales del grupo.

También hay que tener cuidado para que no tengan que dibujar cosas difíciles: algunos estudiantes muestran rechazo a dibujar, pero se les puede tranquilizar si la tarea es realmente fácil y además ven al profesor haciéndolo en la pizarra.

Se pueden poner los dibujos en la pared para que todos los vean y despertar la curiosidad por saber más de los compañeros del grupo.

El profesor puede recogerlos todos y aprovecharlos como ficha personal de los estudiantes.

¡QUÉ MANÍAS!

Pilar García García

Clasificación

Apartado: Estructura de las sesiones de clase (comienzos, transiciones y cierres)

Nivel: B1 Umbral (Intermedio)

Destinatarios: Jóvenes y adultos

Tipo de agrupamiento en clase: Individual

Preparación

Tiempo de preparación: 2 minutos

Recursos: Fichas

Duración de la actividad en clase: 10 minutos

Descripción

Se propone una actividad que puede utilizarse para cerrar una sesión de trabajo en el aula. Muchas veces el final de clase sirve para reforzar lo que se ha aprendido o para preparar a los alumnos para la próxima sesión. En este caso, el objetivo de esta actividad es simplemente finalizar el trabajo llevado a cabo en el aula de un modo distendido. Por ello, proponemos una dinámica en la que los alumnos van a poder practicar la expresión oral de una manera lúdica y afectiva. Por tratarse de una actividad para el final de la clase, hay que medir adecuadamente su temporalización: si la actividad dura demasiado puede aburrir y no constituir una dinámica de cierre propiamente dicha, y si no tiene el desarrollo necesario, no habrá satisfecho los intereses tanto de alumnos como de profesores.

Pregunta primero a tus alumnos si se consideran maniáticos, y si no les importa compartir con sus compañeros algunas de sus manías. En el caso de que sí les importe dar esta información, sugiéreles que inventen otras manías o piensen en aquellas que conocen de algunos familiares, amigos o conocidos.

1. Destina un par de minutos para que los alumnos piensen en alguna manía específica. Adviérteles de que puede ser una manía suya, una inventada, u otra que ellos hayan observado en otras personas. Sugiéreles algunos ejemplos como los siguientes, de manera que estos les puedan orientar en sus respuestas:

   Guardar entradas de las películas de cine que ya se han visto.
   Conservar una piedra de cada lugar visitado.
   Mirar debajo de la cama siempre antes de acostarse.
   Jugar con las migas de pan que quedan en la mesa.
   Mirar el reloj cada cinco minutos.
   Jugar constantemente con una cadenita.

2. Escribe los ejemplos anteriores en una lista y pásasela a los alumnos para que cada uno anote en ella una manía. Cuando hayan terminado, vuelve a pasar la lista y pídeles que anoten o retengan en la memoria una de las frases apuntadas y que la asocien con alguno de sus compañeros o incluso contigo mismo.

3. Organiza un intercambio entre los alumnos del tipo: *Pues yo creo que Andrea es una persona muy sentimental, por eso conserva una piedra de cada lugar visitado...* De esta manera, los alumnos intentarán descubrir qué manías corresponden a cada estudiante.

4. Gana el alumno que identifique una manía real de alguno de sus compañeros.

Comentarios

Esta actividad de cierre puede dar pie al comienzo de la siguiente sesión. A continuación proponemos algunas ideas de aplicación:

1. Se puede organizar en la siguiente clase un debate donde se recojan las opiniones de los alumnos sobre las siguientes preguntas:

- ¿Crees que las manías son negativas? ¿Por qué?

- ¿Crees que las manías pueden entorpecer las relaciones personales entre los familiares, los amigos o la pareja?

- ¿Reflexionas a menudo sobre esa manía que te preocupa en concreto e intentas encontrar estrategias para evitarla?

2. El contenido temático de la actividad relacionada con las manías que se ha propuesto podría servir para trabajar la función de aconsejar, y proponer a los alumnos que dieran consejos a sus compañeros para superar algunas manías. Por ejemplo:

Si ya tienes la casa llena de piedras de tus distintos viajes, y quieres acabar con esta manía, te aconsejo que les saques fotografías y las guardes en un álbum con una nota que diga de dónde son. ¡Y luego tira las piedras!

QUE SÍ, QUE NO

Jimena Fernández Pinto

Clasificación

Apartado: Estructura de las sesiones de clase (comienzos, transiciones y cierres)

Destinatarios: Jóvenes y adultos

Tipo de agrupamiento en clase: Toda la clase

Preparación

Tiempo de preparación: Ninguno

Recursos: Ninguno

Duración de la actividad en clase: 10 minutos

Descripción

La actividad consiste en buscar enunciados coherentes para diferentes respuestas.

Por ejemplo, dibuja en la pizarra dos globos como si fuera una viñeta de un tebeo; en el segundo globo escribe *Sí*, y deja el primero en blanco. Pídeles a tus estudiantes que den posibilidades para completarlo. Podrían ser ejemplos válidos preguntas como *¿Vienes?*, *¿Me dejas tu coche esta noche?*, *¿Te gustan los espárragos?*; pero no lo sería: *No me gusta el color negro*.

En el segundo bocadillo puedes proponer respuestas como estas:

¡Sí!	Bueno, no.
¡No!	Pues, sí.
¿Sí?	Pues, no.
¿No?	Sí, vale.
Sí, sí, sí.	Vale, no.
No, no, no.	Sí, gracias.
Bueno, sí.	No, gracias.

Comentarios

Escribe las sugerencias de tus alumnos en la pizarra. Al final todo el grupo elige una de esas frases y a partir de ella describen dónde, quiénes, cómo y cuándo se puede utilizar.

ROMPER EL HIELO

Pilar García García

Clasificación

Apartado: Estructura de las sesiones de clase (comienzos, transiciones y cierres)

Nivel: B2 Avanzado (Avanzado)

Destinatarios: Profesores

Tipo de agrupamiento en clase: Toda la clase

Preparación

Tiempo de preparación: 2 minutos

Recursos: Tarjetas

Duración de la actividad en clase: 20 minutos

Descripción

El objetivo de esta actividad es originar en el aula una práctica oral comunicativa con la que se mejore el ambiente de clase y la motivación y se fomente una actitud positiva en el aprendizaje. El objetivo no es tanto lingüístico como afectivo. Los primeros minutos de cada clase son esenciales muchas veces para el buen funcionamiento del resto de las actividades que se propongan, y contribuyen al aprendizaje del alumno desde una perspectiva cognitiva y afectiva. Para algunos profesores es el momento del repaso de lo visto el día anterior; para otros, la presentación de un nuevo contenido, o simplemente —como es el caso de esta actividad— el momento de «romper el silencio», incitar a los alumnos a realizar intercambios comunicativos y proponer una dinámica de cohesión de grupo.

Si preguntáramos a profesores sobre su percepción subjetiva del tiempo transcurrido en una clase, seguro que entre otros comentarios aparecería este: «Los diez primeros minutos de una clase siempre resultan los más largos… » ¿Cómo cambiar esa percepción y romper el hielo en nuestro grupo? ¿Qué tipo de actividad podría aligerar esta percepción?

Reparte a los alumnos ⬎ **Tarjetas** con informaciones y consignas varias. Indícales que a partir de la señal que les des, tienen que moverse por la clase haciendo preguntas a sus compañeros con respecto a las consignas anteriores y que deberán intentar memorizar el mayor número de respuestas de los otros estudiantes. Avisa a los alumnos de que, a pesar de tratarse de preguntas que exigen cierto tiempo para responder, la dinámica tiene que ser rápida. Los alumnos tienen que contestar lo primero que les venga a la mente.

Pasados los primeros diez minutos, pide a los alumnos que salgan a la pizarra y anoten en el interior de un iceberg que habrás dibujado algunas de las respuestas que les hayan dado sus compañeros. Sin duda, las frases anotadas darán lugar a una puesta en común.

Si ves que la dinámica sirve para favorecer la comunicación entre los alumnos, pídeles que traigan el día siguiente otras ideas para repetir esta misma actividad, pero con sus preguntas.

Comentarios

«El comienzo de una clase consiste en los procedimientos que el profesor utiliza para concentrar la atención de los alumnos en los objetivos de aprendizaje de la clase. La investigación sobre enseñanza sugiere que el comienzo, o apertura, o *entrada* de la clase ocupa los primeros cinco minutos y puede tener una gran influencia en lo que los alumnos aprenden». (Kindswtter, Wilen e Ishler, 1988)

Richards, J., y Lockhart, Ch.: *Estrategias de reflexión sobre la enseñanza de idiomas,* Cambridge University Press, Cambridge, 1998.

Tarjetas

¿Qué es lo que nunca harías por amor?	¿Qué es aquello que te gustaría hacer pero no te dejan?	¿Qué es lo que nunca llevarías a una isla desierta?	¿Qué talento te gustaría descubrir en ti?	¿A quién no invitarías nunca a cenar y por qué?
¿Cuál fue tu última mentira?	¿A quién te gustaría encontrarte sentado junto a ti en un avión y por qué?	¿Qué es lo que nunca prestarías ni a un amigo?	¿Qué cambiarias en el mundo para tu propio provecho?	¿Sobre qué te gustaría hablar en la próxima clase?

UN BOLSO PARA EL DEBATE

Alicia Castillo López

Clasificación

Apartado: Estructura de las sesiones de clase (comienzos, transiciones y cierres)

Destinatarios: Jóvenes y adultos

Tipo de agrupamiento en clase: Toda la clase

Preparación

Tiempo de preparación: Ninguno

Recursos: Objetos reales

Duración de la actividad en clase: 25 minutos

Descripción

Entra en clase como cada día y acércate a la mesa donde sueles dejar tus cosas (carpeta, papeles, el bolso...). Si no sueles llevar bolso ni mochila ni cartera, lleva algo el día que se ponga en práctica esta actividad. En el bolso, mochila o cartera habrá un objeto que previamente hayas elegido para desencadenar un debate en el aula. Saluda a los estudiantes, mientras finges buscar en el bolso algo que no encuentras (puedes decir que buscas el bolígrafo, por ejemplo). Saca algunos objetos del bolso. Amontónalos en la mesa y déjalos a la vista de los estudiantes, hasta que encuentres el bolígrafo.

Cuando guardes de nuevo lo que has ido sacando, deja sobre la mesa el último objeto, el que te interesa para romper el hielo. Puede ser una crema hidratante (para hablar de la experimentación animal y los cosméticos, del negocio de la belleza, etc.), un paquete de tabaco, un bikini, etc. La fase de calentamiento, para incitarles a opinar a partir de la visión del objeto, puede durar unos cinco minutos, aunque si el tema despierta mucho interés entre los alumnos puede dar lugar a realizar un debate de unos veinte minutos.

Comentarios

Nos parece que esta técnica puede ser adecuada para iniciar un debate en clase. Los estudiantes entran en el tema de manera natural y espontánea, pues el objeto por sí mismo genera la conversación. Si el profesor es capaz de presentar el objeto como si de un descuido se tratara, el alumno no se da cuenta de la planificación de la actividad y a él le resulta menos forzado empezar a hablar de un tema.

Para estudiantes de nivel avanzado y superior el debate se puede prolongar hasta treinta minutos (o hasta que se agote el tema). En el nivel inicial, el debate puede durar de unos diez a quince minutos dependiendo de los recursos orales de cada grupo.

Modelos, instrumentos y guías de planes de clase

MÁS ALLÁ DEL ÁMBITO DEL AULA

Sheila Estaire

Clasificación

Apartado: Modelos, instrumentos y guías de planes de clase

Nivel: B1 Umbral (Intermedio)

Destinatarios: Jóvenes y adultos

Tipo de agrupamiento en clase: Individual y grupos de 3 ó 4 personas

Preparación

Tiempo de preparación: Variable

Recursos: Ninguno

Duración de la actividad en clase: Variable

Descripción

En situaciones en las que se imparte español en un medio hispanoparlante es bastante habitual llevar a cabo tareas que requieren que los alumnos realicen un «trabajo de campo» fuera del aula pero, en cambio, esto no es tan frecuente cuando el aprendizaje del español se realiza en contextos no hispanoparlantes. Sin embargo hay una amplia gama de tareas que es posible realizar en estas situaciones, las cuales llevan al alumno más allá del ámbito del aula. Me refiero a tareas en las que, en una de sus fases, los alumnos realicen entrevistas o encuestas fuera del aula para posteriormente utilizar, otra vez en el aula, la información recogida. Por supuesto que en un medio no hispanoparlante la mayoría de estas conversaciones, entrevistas o encuestas llevadas a cabo fuera del aula con amigos, familiares o vecinos se realizarán en su lengua materna; pero la preparación previa y su utilización posterior, ambas en el aula, se realizarán en español.

La organización de tareas de este tipo y el uso alternativo del español y de la lengua materna se podría resumir de la siguiente manera:

Fase 1	Lugar: el aula
	Lengua: español
	Objetivo: preparación de la tarea
Fase 2	Lugar: fuera del aula
	Lengua: probablemente la lengua materna (En español si los alumnos tuvieran acceso en su ciudad a personas que lo hablen.)
	Objetivo: recopilación de datos a través de conversaciones, entrevistas o encuestas
Fase 3	Lugar: el aula
	Lengua: español
	Objetivo: intercambio y procesamiento de datos. Presentación de resultados de forma oral o escrita a través de exposiciones orales, murales, gráficos, artículos para la revista de clase o del centro, o el tablón de anuncios de clase, etc.

Por ejemplo, si en clase se está desarrollando una unidad cuyo tema son los hábitos televisivos, se puede pedir a los alumnos que entre todos elaboren tres o cuatro preguntas relacionadas con el tema, para hacer fuera del aula una pequeña encuesta a un número determinado de amigos, familiares o vecinos.

Si el contexto de aprendizaje es un entorno no hispanoparlante, lo más probable es que los alumnos recopilen la información requerida en su lengua materna; pero posteriormente en clase y ya en español, en pequeños grupos de tres o cuatro, los alumnos intercambiarán la información que han conseguido, la procesarán y prepararán breves exposiciones orales para finalmente realizarlas frente al gran grupo.

Se pueden incluir variaciones en la dinámica que se ha propuesto, como las que a continuación se señalan:

- En lugar de preguntas, como sugiero en el ejemplo, los alumnos pueden realizar entrevistas más extensas que incluyan una variedad de información.
- Existe también la posibilidad de traer a clase a una persona que hable español para que sea entrevistada por el grupo. En este caso, la organización de la tarea variaría en algunos aspectos.
- Si los alumnos tienen acceso a otras personas que hablen español (turistas o personas que vivan en su ciudad), la fase de trabajo fuera del aula se podría ajustar al perfil de estas personas.
- Los productos finales de algunas de estas tareas se pueden intercambiar con otras clases del centro, multiplicando así el ámbito del trabajo realizado.

Otros temas posibles en los que se pueden plantear este tipo de actividades son:

- Anécdotas: los alumnos preguntan sobre algo divertido que les ha sucedido a los interlocutores, o un gran susto que se han llevado.
- Trabajo: los estudiantes preguntan sobre el trabajo de los interlocutores y en qué consiste.
- Ocio: pueden confeccionar preguntas sobre los lugares cercanos a la ciudad que les gusta visitar a las personas entrevistadas y explicar sus razones.
- Cualquier tema de actualidad: los alumnos pueden preguntar la opinión sobre un tema o pedir a los interlocutores que hagan predicciones sobre hechos concretos, etc.

Comentarios

Las razones para incluir este tipo de trabajo en nuestra práctica docente son numerosas. Entre ellas me gustaría mencionar las siguientes:

- Las personas que nos rodean fuera del aula son un recurso que está allí, pero que muchas veces no explotamos.
- Este tipo de experiencias trae al aula «trozos de la vida» y amplía el contexto de aprendizaje más allá de las cuatro paredes del aula.
- La investigación de los alumnos fuera del aula suministra datos que, a su vez, sirven de base para tareas posteriores.
- Estas tareas resultan motivadoras.
- Es una forma de trabajo centrado en el alumno (los datos sobre los que se trabajan han sido aportados por los propios alumnos) y que fomenta la autonomía en el aprendizaje.
- Pone en juego factores afectivos que promueven el aprendizaje, tales como el sentido de pertenencia y la autoestima.

Como nota final quisiera apuntar que este tipo de trabajo se encuadra muy bien en el enfoque por tareas al que se hizo referencia en las actividades aparecidas en este volumen: «**Un procedimiento para diseñar unidades didácticas mediante tareas (I)**» y «**Un procedimiento para diseñar unidades didácticas mediante tareas (II)**».

UN INSTRUMENTO PARA PLANIFICAR CLASES

Sheila Estaire

Clasificación

Apartado: Modelos, instrumentos y guías de planes de clase
Destinatarios: Profesores
Tipo de agrupamiento en clase: Individual

Preparación

Tiempo de preparación: Variable
Recursos: Ninguno

Descripción

Tener ya decidido qué materiales se van a utilizar en una clase y qué contenidos se van a trabajar no garantiza que en el aula todo funcione de la forma más efectiva posible. La planificación de una clase requiere una reflexión sobre toda otra serie de factores relacionados con la explotación de los materiales, con la gestión del aula, con detalles de cómo se pondrá en práctica todo ello. Necesitamos reflexionar sobre:

- El tema o los temas que se tratarán en la lección.

- Los objetivos de la lección, o mejor aún, los objetivos de cada actividad o tarea que componen la lección.

- Las diferentes actividades o tareas que se van a realizar.

- Los diferentes pasos que son necesarios como parte de cada actividad o tarea, con el fin de maximizar su valor comunicativo y pedagógico.

Para cada uno de esos pasos en que se dividirán las actividades o tareas de la clase, necesitamos tener en cuenta los siguientes puntos:

- Cuál será la actividad de los alumnos en ese paso.

- Qué será necesario que haga el profesor en ese paso para apoyar el trabajo de los alumnos.

- El tipo de agrupamiento más adecuado.

- Los recursos, medios, apoyos que serán necesarios.

- Estimación del tiempo necesario.

- Las destrezas que se utilizarán.

- Los contenidos lingüísticos que se trabajarán.

Para que lo que planteo aquí resulte de ayuda verdaderamente eficaz, sugiero lo siguiente:

1. Haz una ficha que incluya en primer término el tema o temas de la lección, los objetivos de comunicación de la lección y cualquier otro dato que consideres conveniente; por ejemplo, la fecha.

2. A continuación elabora una tabla de ocho columnas con los siguientes encabezamientos: paso número, tiempo estimado, actividad de los alumnos, actividad del profesor, agrupamiento, destrezas, recursos (medios y apoyos), contenidos.

Paso número	Tiempo estimado	Actividad de los alumnos	Actividad del profesor	Agrupamiento	Destrezas	Recursos (medios y apoyos)	Contenidos

3. Agrega una clave para las abreviaturas que vayas a utilizar, especialmente para el agrupamiento, por ejemplo: IND. = *individual*; GR 3 = *grupos de 3*; y para destrezas, por ejemplo, EO = *expresión oral*.

4. Rellena la ficha por escrito para un cierto número de clases, como forma para ir familiarizándote con el procedimiento. La mejor prueba de que funciona es darle la ficha a otro profesor y comprobar si visualiza la clase paso a paso. Los puntos en que surjan dudas son aquéllos en los que tu especificación seguramente pueda detallarse con mayor claridad. Paralelamente a esto, por supuesto, irás poniendo en práctica tus planificaciones en el aula, lo cual te servirá de retroalimentación inmediata, que a su vez te llevará a realizar ajustes en la planificación.

Comentarios

Es obvio que ningún profesor escribe una planificación de clase con todos estos detalles como sistema normal a lo largo de su vida profesional. El valor de hacerlo durante un cierto periodo es que interiorizamos ciertos procesos y podemos, a partir de ahí, planificar clases mentalmente teniendo en cuenta una serie de factores que resultarán beneficiosos para la marcha de la clase y para el aprendizaje de los alumnos. Quizás aún así queramos o necesitemos escribir unas breves notas para llevar a clase, pero no la ficha completa.

Una de las características que me interesaría resaltar del formato que sugiero es que la actividad en el aula está dividida en: actividad de los alumnos y actividad del profesor, con los alumnos en primer término. Esto refleja un procedimiento que considero primordial: el plantearse la clase desde la perspectiva del alumno, poniéndonos en su sitio, y viendo su actividad como la columna vertebral de la clase. ¿Qué hacen los alumnos? ¿Con qué finalidad comunicativa? ¿Con qué finalidad pedagógica? ¿Cómo lo hacen? ¿Qué apoyos necesitan del profesor en los distintos pasos de la clase? Esta última pregunta es la que dicta la actividad del profesor, encaminada a ayudar a los alumnos a construir su propio conocimiento.

Planes de clase para sesiones especiales (primer día de curso, último día, etc.)

¡CLARO QUE SABES!

Belén García Abia

Clasificación

Apartado: Planes de clase para sesiones especiales (primer día de curso, último día, etc.)

Nivel: Al Acceso

Destinatarios: Jóvenes y adultos

Tipo de agrupamiento en clase: Individual y toda la clase

Preparación

Tiempo de preparación: Ninguno

Recursos: Fichas

Duración de la actividad en clase: 15-20 minutos

Descripción

Comenta a los alumnos que con esta actividad van a comprobar que conocen más palabras en español de las que piensan. Para ello, esparce las fichas del alfabeto por el suelo de la clase o ponlas encima de una mesa. Después, coge la letra *ñ*, pégala en la pizarra y escribe *España*. Luego, pide a los alumnos que se levanten (todos a la vez), que cada uno coja la letra que quiera y que escriba palabras en español que contengan esa letra. En esta fase de la actividad, puedes ayudarlos y proponer tú palabras para las letras que puedan presentar alguna complicación.

Cuando se hayan acabado todas las letras, cada alumno explica el significado de la palabra que ha escrito. Para ello, puede servirse de dibujos, gestos o incluso puede solicitar tu ayuda. Es importante que se vayan escribiendo en la pizarra todas las palabras que propongan los alumnos y que, si es necesario, se corrija su ortografía (lo pueden hacer tanto el resto de los alumnos como tú mismo).

Comentarios

Con esta actividad demostramos a los alumnos que saben más español del que creen, mejoramos su autoestima, creamos una buena disposición en el aula para aprender español y propiciamos la cohesión de grupo desde el primer día de clase.

TREN DE NOMBRES

Jorge Jiménez Ramírez

Clasificación

Apartado: Planes de clase para sesiones especiales (primer día de curso, último día, etc.)

Nivel: A2 Plataforma (Inicial)

Destinatarios: Niños

Tipo de agrupamiento en clase: Toda la clase

Preparación

Tiempo de preparación: Ninguno

Recursos: Ninguno

Duración de la actividad en clase: 10 minutos

Descripción

Una de las claves que facilita el buen ambiente de clase, y por tanto una mayor eficacia en el proceso de aprendizaje, es conocer las etapas de evolución del grupo ya que nuestra clase es uno de ellos.

Como hemos señalado en la actividad incluida en este volumen, «Cualidad inicial», en «Tú eres mis manos», incluida en el volumen IV, *Competencias generales*, y en otras disponibles en Didactiteca: «El piropo», y «Patio de vecinos», el grupo pasa, a grandes rasgos, por cuatro fases:

- Presentación: conocimiento nominal de los miembros del grupo.

- Conocimiento: se establecen roles y reglas del grupo.

- Resolución de conflictos: fruto de las reglas y roles aparecen problemas que hay que solucionar.

- Distensión (o disolución): si esta aparece en la consecución de la tarea.

Todas las actividades de interacción actúan en mayor o menor grado sobre el proceso grupal. Este aspecto debemos tenerlo en cuenta al analizar nuestra programación y diseñar o elegir las actividades de clase, pues muchos problemas del día a día se deben tan solo a que, de forma inconsciente, podemos haber alterado el comportamiento grupal, al introducir actividades que no se adecuaban a la fase por la que el grupo-clase atravesaba en ese momento.

En esta ocasión, presentamos una actividad que puede incidir sobre la primera etapa (la de presentación) y que tiene un eminente carácter lúdico, por lo que puede resultar muy apropiada para niños y jóvenes. Con ella, se trata también de asentar bases estables para una correcta secuenciación de actividades que respete la evolución del grupo.

Organiza la clase de manera que los alumnos formen un círculo. Tienes que hacer de locomotora y circular por la clase. Párate delante de un alumno, di su nombre y pídele que monte al tren. Ahora él se ha convertido en la locomotora del tren, y debe elegir a otro compañero para repetir la dinámica. La actividad dura hasta que todos los alumnos formen parte del tren.

Comentarios

Es una buena actividad para finalizar un primer día de clase que se haya dedicado a la presentación, cuando ya se conocen los nombres del grupo. Por su carácter desenfadado el profesor debe elegir con cuidado quiénes van a ser los primeros en subir a la locomotora, pero si a pesar de todo alguno de los alumnos se negara hay que insistir rápidamente con otro miembro. Además, no hay que perder de vista el componente cultural porque mientras que en algunos países esta actividad es apta para todas las edades, en otros puede ser contraproducente. Una vez más, el profesor será quien decida.

Se desaconseja realizar esta actividad en grupos grandes porque puede alargarse en exceso.

UN PROCEDIMIENTO DE EVALUACIÓN DE LA DOCENCIA

Claudia Fernández Silva

Clasificación

Apartado: Planes de clase para sesiones especiales (primer día de curso, último día, etc.)

Nivel: B2 Avanzado (Avanzado)

Destinatarios: Jóvenes y adultos

Tipo de agrupamiento en clase: Grupos pequeños y toda la clase

Preparación

Tiempo de preparación: 10 minutos

Recursos: Otro tipo de textos escritos

Duración de la actividad en clase: 60 minutos

Página de Internet recomendada:

http://cvc.cervantes.es/el_rinconete/anteriores/febrero_99/25021999_01.htm

Se recomienda leer antes el texto de **Rinconete**.

Descripción

Se trata de reconvertir el texto de la sección **Rinconete** en una actividad de prelectura del cuento de Julio Cortázar «Lucas y las clases de español» (*Cuentos completos* 2, Alfaguara, 1996, pág. 239). La lectura, al mismo tiempo, puede servir como marco para la evaluación de un proceso concreto de enseñanza-aprendizaje de una lengua extranjera.

Adapta para llevar a clase el cuento recomendado en el **texto** de **Rinconete**. Para la adaptación solo hay que sustituir la segunda persona del plural con la que el texto original aparece escrito por una tercera persona de carácter más general, de modo que el estudiante se sienta destinatario del escrito.

A continuación, organiza la clase en pequeños grupos de trabajo. Los alumnos tienen que pensar preguntas para formularte en torno a tu experiencia docente, tus frustraciones y tus éxitos, tus problemas, tus miedos y tus actitudes como profesional de la enseñanza. En definitiva, se trata de que los estudiantes realicen un minianálisis de las características de su profesor.

En la puesta en común, los distintos grupos plantean las preguntas que han elaborado. Contesta a sus preguntas con libertad a partir de tu propia experiencia o de experiencias ficticias.

Una vez que se ha llevado a cabo este intercambio, propón a tus alumnos la lectura del texto de Cortázar «Lucas y las clases de español». Pídeles que busquen coincidencias entre el personaje del texto y las confesiones que tú les acabas de hacer.

Como actividad de postlectura, realiza una puesta en común sobre la búsqueda de puntos coincidentes y sobre la opinión que, en términos generales, les merece el texto. Además, sugiere a los estudiantes que reescriban el relato desde la perspectiva de un alumno de español que haya sido víctima del pobre Lucas. El objetivo final de esta secuencia es que el estudiante redacte un informe sobre lo que le gusta y no le gusta de sus clases de español; un informe que, para el profesor, es un buen procedimiento de evaluación de su trabajo, así como un punto de partida para el planteamiento de acciones pedagógicas futuras.

Comentarios

Esta actividad además de desarrollar las cuatro destrezas, puede resultar apropiada para mejorar las relaciones del docente con su grupo de alumnos. La dinámica, en la medida en que potencia una competencia estratégica centrada en el marco educativo y que compete tanto al docente como al discente, puede servir para sacar el máximo partido del contexto educacional en el que estamos participando. Al mismo tiempo, es un instrumento para que el alumno se concience de que:

- El aula también es un espacio comunicativo en el que se utiliza la lengua extranjera en intercambios contextualizados y con un objetivo específico.
- El profesor es un ser humano que desempeña un trabajo. Es un miembro más en el espacio del aula y, como tal, debe integrarse en ella.
- El proceso de enseñanza-aprendizaje tiene dos protagonistas, profesor y alumno, que deben reflexionar sobre su grado de participación en dicho proceso, con el fin de optimizar los recursos con los que se cuenta y abriendo permanentemente canales de comunicación que sirvan para mejorar la calidad de la enseñanza y del aprendizaje.

Por otra parte, en esta actividad el profesor y el alumno cooperan en la evaluación del proceso educativo desde una perspectiva no traumática, dado que la valoración se produce a través de una sugerencia pedagógica abierta que forma parte de una secuencia más general.

La actividad puede servir para que el profesor reflexione sobre su trabajo y para obtener información sobre sus alumnos, pero también puede ser útil para que los alumnos conozcan mejor a su profesor y la comunicación entre los participantes del intercambio didáctico sea más fluida y rentable.

Rinconete

Una recomendación literaria
Cortadillo

¿Conocéis un cuento del escritor argentino Julio Cortázar titulado *Lucas y las clases de español*? Si aún no habéis tenido la suerte de leerlo, no lo dudéis ni un instante, id a comprarlo, pedídselo prestado a un amigo, entrad en una biblioteca pública... Lucas habla con el director de la escuela de idiomas, que le sugiere que enseñe la cultura viva, que se deje de literaturas y de Fray Luises de León y que vaya a lo vivo, a lo cotidiano... Lucas va y escoge un texto de toros que entrega a sus alumnos para que trabajen en clase, mientras él mira atentamente por la ventana. En esta parodia, por oposición, probablemente reconoceréis vuestros tics de profesores principiantes, vuestros agobios porque no se quede vacío ni un hueco de la clase, vuestra ingenuidad a la hora de seleccionar un texto o de medir su facilidad, vuestros esfuerzos ingentes por entender lo incomprensible o resultar simpáticos a todo el mundo... Es posible que nuestro recuerdo del texto se haya alterado un poco y hayamos dejado volar la imaginación, llevados por nuestra propia experiencia; sin embargo, estas son las ideas que se le vienen a la cabeza a cualquier profesor de español al leer estas páginas de Julio Cortázar; unas páginas que nos pueden hacer sonreír con nostalgia o provocar que todos los pelos de nuestro cuerpo se nos pongan de punta al evocar el pánico incontrolable del primer día de clase.

⊏ Secuenciación de actividades

TRABAJAR CONTENIDOS LINGÜÍSTICOS DENTRO DEL ENFOQUE POR TAREAS (I)

Mario Gómez del Estal Villarino

Clasificación

Apartado: Secuenciación de actividades

Destinatarios: Profesores

Tipo de agrupamiento en clase: Variable

Preparación

Tiempo de preparación: Variable

Recursos: Ninguno

Duración de la actividad en clase: Variable

Descripción

El propósito de este pequeño taller es presentar una propuesta de trabajo de los contenidos lingüísticos dentro del enfoque por tareas. Este enfoque, heredero de una concepción comunicativa del lenguaje, parte de una dicotomía ya clásica en la enseñanza de lenguas extranjeras, a saber, la que distingue entre los contenidos para la comunicación y los procesos comunicativos. Para entender más claramente esta distinción, podemos acudir a un ejemplo de sobra conocido: la experiencia de montar en bicicleta.

Comencemos por los contenidos. Así como saber de memoria las partes de una bicicleta (el manillar, los pedales, etc.), no nos asegura de ningún modo la capacidad de montar en bicicleta, del mismo modo saber de memoria los contenidos necesarios para la comunicación (expresar el nombre, la nacionalidad, la profesión, los gustos, etc.), no nos convierte en hablantes de una lengua.

Vayamos ahora con los procesos. Si montamos en bicicleta con el apoyo de unas ruedas auxiliares, nos estamos preparando para el día en que podamos hacerlo sin ellas y, de paso, ya estamos montando en bicicleta. De la misma manera, si nos habituamos a participar en procesos de comunicación lo más reales posibles (por ejemplo, presentarme de manera oral ante mis compañeros), nos estamos preparando para ser hablantes de una lengua. Es más, al participar activamente en esos intercambios comunicativos, ya estamos hablando en esa lengua.

De este modo, entendemos el enfoque por tareas como una herramienta que nos permite, por un lado, presentar los contenidos lingüísticos necesarios para la comunicación y, por otro, reproducir en el aula procesos de comunicación «reales».

Sin embargo, si adoptamos la concepción comunicativa del lenguaje y del trabajo en el aula, es difícil ocultar la insatisfacción que producen las explicaciones de contenidos lingüísticos, tanto al profesor como a los propios alumnos, si las comparamos con las actividades realmente comunicativas. Como cualquier profesor sabe y siente, el empleo de este tipo de actividades en el aula produce ruptura inmediata de la igualdad («el profesor es el que sabe»), casi total ausencia de interacción y negociación y, además, escasa motivación.

Integrar la presentación de los contenidos dentro de nuevos procesos de comunicación parece una solución adecuada a estos problemas. El propósito de este taller es presentar las tareas gramaticales como un tipo de actividades que permiten hablar de gramática en el aula, es decir, presentar contenidos lingüísticos dentro de procesos de comunicación. Para ello, las tareas gramaticales facilitan, por un lado, la reflexión en común sobre el lenguaje, el desarrollo de estrategias de aprendizaje y la deducción de conclusiones propias (en definitiva, el aprendizaje inteligente de contenidos lingüísticos), y por otro, la comunicación en español.

Partiendo del aula: dos tipos de situaciones

A continuación presentamos dos tipos de situaciones que cualquier profesor que haya trabajado con un método comunicativo habrá observado en sus clases. ¿Qué pasa en cada una de ellas? ¿Qué tipo de actividad de aula se está desarrollando? ¿Cuál es el papel del profesor? ¿Quién controla la información? ¿Qué hacen los alumnos?

Situación A

Hay bastante ruido: voces, murmullos, risas, sillas que se mueven, libros que van de mano en mano, la ventana abierta. Los alumnos hablan en español en parejas o grupos y han colocado las sillas para favorecer la conversación. Hay tres que se sonríen, compartiendo un chiste (en español). Otros cuatro están muy acalorados discutiendo sobre algo (en español). Uno te pide (en español) que cierres la ventana. Eres una ayuda externa y resuelves consultas del tipo: *¿Cómo se dice en español X?*

Situación B

Estás en la pizarra, con el libro en la mano, escribiendo cosas y explicándolas. Los alumnos están sentados ordenadamente de espaldas a las paredes. Hay cinco que escuchan con atención y toman notas. La mayoría te mira como si fueras un auténtico extraterrestre, sin comprender claramente gran parte de lo que dices. Hay tres que hablan en su lengua y cuatro miran al personal o por la ventana.

Tareas comunicativas y tareas capacitadoras

Las dos situaciones que acabamos de presentar son caricaturas exageradas (pero no por ello menos reales) de las situaciones que se producen a menudo en el aula. Seguramente la situación mayoritaria es una mezcla de ambas (tal vez con mayor frecuencia de la B), pero son dos extremos que cualquier profesor puede reconocer.

La situación A la generan tanto las tareas comunicativas o finales propiamente dichas, como, por ejemplo: *Solicitar información turística para un viaje de fin de semana*, como las inmediatamente anteriores a las comunicativas, como, por ejemplo: *Dividir la clase en dos grupos (agentes de viaje y turistas) para que preparen lo que van a decir en la tarea final*, y en general, cualquier actividad que esté centrada en el significado y el intercambio de información.

La situación B, sin embargo, la producen las tareas capacitadoras o, en general, cualquier actividad que se centre más en la forma, esto es, en la presentación de contenidos lingüísticos. Las explicaciones de gramática, la presentación directa de léxico o de funciones, crean en el aula situaciones de este tipo. Por ejemplo, explicar cómo informarse de horarios de trenes o aviones, explicar las horas, presentar el vocabulario relacionado con reservas en hoteles o restaurantes, etc.

Características de las tareas comunicativas y las tareas capacitadoras

En general, las tareas que generan situaciones como la presentada en A reúnen las siguientes características:

• Igualdad de nivel entre el profesor y el alumno.

• Presencia de interacción, negociación e intercambio en el uso del lenguaje.

- Desarrollo de estrategias de comunicación.

- Motivación a través de la implicación personal del alumno.

Sin embargo, las tareas que producen situaciones como la descrita en B presentan estos rasgos:

- Desigualdad entre el profesor, que es el que sabe, y el alumno, que debe aprender.

- Presencia mínima (o ausencia) de interacción, negociación e intercambio.

- Desarrollo mínimo (o nulo) de estrategias de aprendizaje.

- Pérdida de atención debida al papel pasivo que se asigna al alumno.

Esto quiere decir que, trabajando con una concepción comunicativa del lenguaje, nos vemos abocados a romper la comunicación cuando trabajamos contenidos lingüísticos. Desde esa concepción, esto no puede verse más que como un «fracaso».

Este «fracaso», sin embargo, ha llevado a algunos especialistas en enseñanza de lenguas extranjeras a plantearse la siguiente pregunta: ¿No es posible hacer tareas capacitadoras, es decir, tareas centradas en los contenidos, con las características de las comunicativas? En la segunda parte de este taller, intentaremos responder a esta pregunta.

TRABAJAR CONTENIDOS LINGÜÍSTICOS DENTRO DEL ENFOQUE POR TAREAS (II)

Mario Gómez del Estal Villarino

Clasificación

Apartado: Secuenciación de actividades

Destinatarios: Profesores

Tipo de agrupamiento en clase: Variable

Preparación

Tiempo de preparación: Variable

Recursos: Ninguno

Duración de la actividad en clase: Variable

Página de Internet recomendad:

http://cvc.cervantes.es/foros/leer_asunto1.asp?vCodigo=7682

Descripción

En la actividad anterior **«Trabajar contenidos linüísticos dentro del enfoque por tareas (I)»** planteamos a partir de una dicotomía conocida por los profesores de español para extranjeros la siguiente pregunta: ¿No es posible hacer tareas capacitadoras, es decir, tareas centradas en los contenidos, con las características de las comunicativas? Aquí comenzamos a presentar la respuesta.

Aumento de la consciencia gramatical

Una posible solución de esa contradicción está en utilizar lo que se ha definido en el campo de la adquisición del lenguaje como aumento de la consciencia gramatical. Básicamente consiste en proporcionar a los alumnos herramientas que les permitan ser conscientes de fenómenos lingüísticos que se producen en la L2 y tienen relación o son pertinentes de alguna manera, por ejemplo con alguna tarea comunicativa que se va a llevar a cabo en la clase.

Se trata entonces de ayudar a nuestros alumnos a reflexionar metalingüísticamente, es decir, a que descubran por sí mismos (o en colaboración con otros estudiantes) las regularidades de la lengua que están aprendiendo. En definitiva, la idea es ayudarles a reconstruir de manera personal la gramática del español.

De esta manera, el objetivo de cada tarea capacitadora o gramatical debe ser el descubrimiento de una regla constante del lenguaje a través de la observación de enunciados lingüísticos. Esta, y no otra, es la función del lingüista o gramático. En este sentido, se trata de ayudar a nuestros estudiantes a convertirse en aprendices de lingüistas.

A muchos profesores esto puede parecerles tan complicado como encontrar una aguja en un pajar, pero es importante darse cuenta de que la reflexión sobre el lenguaje es algo que hacemos a cada paso, tanto en el aula como fuera de ella. Cuando decimos en nuestra vida cotidiana: «En Zamora *luego* quiere decir *enseguida*», estamos actuando como lingüistas. O cuando decimos en el aula: «El imperfecto se usa para presentar lo indicado por el verbo como una situación, mientras que el indefinido lo usamos para presentarlo como una acción», también estamos actuando como lingüistas. Y si esperamos que nuestros estudiantes aprendan estas cosas en estos términos, estamos esperando que se comporten como aprendices de lingüistas. Lo que pretendemos con este taller es hacernos conscientes de ello y aprovechar al máximo la utilidad de la reflexión sobre el lenguaje.

Un ejemplo de tarea gramatical

Para ejemplificar esta primera parte del taller, os presentamos en el ⌟ **Anexo** un ejemplo de tarea gramatical que realizamos en el Instituto Cervantes de Rabat en el marco de una investigación. La tarea, de nivel inicial y centrada en el aprendizaje del uso general y la morfología del imperativo, se diseñó como tarea capacitadora de una tarea comunicativa posterior. Esta última consistía en la realización de unas figuras en papel con recortables a partir de las instrucciones que un material incluía. Estas instrucciones aparecían en imperativo y por tanto los alumnos necesitaban conocer esta forma verbal. Además, el material necesario para realizar las figuras (tijeras y pegamento) era muy escaso y debían pedírselo unos a otros, de manera que también necesitaban conocer el imperativo para estas peticiones. Se trata, pues, de una tarea capacitadora dentro de una unidad didáctica cuya tarea final reproduce con bastante exactitud una actividad real. Como se puede apreciar, los ejemplos propuestos están muy centrados en el tema de la unidad.

Te invitamos a analizar esta tarea a partir de las características que se expusieron en el apartado «Características de las tareas comunicativas y las tareas capacitadoras» de la actividad anterior **«Trabajar contenidos lingüísticos dentro del enfoque por tareas (I)»**. Puedes leer las sugerencias enviadas sobre este pequeño taller, al foro en la siguiente dirección: http://cvc.cervantes.es/foros/leer_asunto1.asp?vCodigo=7682 .

Si quieres ampliar la información sobre este tema, puedes consultar la siguiente bibliografía:

Fotos, S. y Ellis, R.: «Communicating about Grammar: a Task-based Approach», *TESOL Quarterly*, 25 (4), 1991 (págs. 605-628).

Gómez del Estal Villarino, M. y Zanón, J.: «Tareas formales para la enseñanza de la gramática en la clase de español», en *La enseñanza de español mediante tareas*, Javier Zanón (Coordinador), Edinumen, Madrid, 1999.

Gómez del Estal Villarino, M. y Zanón, J.: *G de Gramática*, Colección Tareas, Difusión, Barcelona, 1996.

Odlin, T. (Editor): *Perspectives on Pedagogical Grammar*, CUP, Cambridge, 1994.

Rutherford, W. y Sharwood Smith, M.: *Grammar and Second Language Teaching*, Newbury House Publishers, Nueva York, 1987.

VV. AA.: «Los efectos de la instrucción formal sobre el aprendizaje de los contenidos gramaticales», *Actas del V Congreso de ASELE*, Málaga, 1996 (págs. 77-87).

Tarea 1

En este texto aparecen las instrucciones para construir una de las casas. Léelo atentamente.

> Aquí tienes el recortable de la casa: ábrelo. Marca las líneas punteadas y dobla las pestañas. Pídele a tu compañero las tijeras (¡Oye, dame las tijeras!). Corta el tejado. Después, coge la Figura 1 y pégala sobre la Figura 2, como se indica en el dibujo. Añade el tejado a la Figura 2.

En este texto aparecen una serie de formas verbales: ¿Para qué sirven?

> Sirven para…

Tarea 2

Aquí tienes dos casillas: una para los verbos terminados en **-ar**, y otra para los terminados en **-er** e **-ir**. Trabaja con tus compañeros y coloca las formas del texto de la Tarea 1 en la casilla correspondiente.

Verbos terminados en -ar	Verbos terminados en -er/-ir

En el texto aparece una pista para contestar a esta pregunta: ¿A qué persona se refieren estas formas verbales? Rodea con un círculo la opción correcta.

yo — tú — usted — él/ella — nosotros/as — vosotros/as — ustedes — ellos/as

Esta forma es igual que otra que ya conoces: ¿Cuál es?

Tarea 3

En este texto aparecen las instrucciones para construir una de las casas. Léelo atentamente.

> Aquí tiene usted el recortable de la casa: ábralo. Marque las líneas punteadas y doble las pestañas. Pídale a su compañero las tijeras (¡Oiga, déme las tijeras!). Corte el tejado. Después, coja la Figura 1 y péguela sobre la Figura 2, como se indica en el dibujo. Añada el tejado a la Figura 2.

Tarea 4

Ahora, trabaja con tus compañeros y coloca las formas verbales de este texto, como has hecho en la Tarea 2.

Verbos terminados en -ar	Verbos terminados en -er/-ir

En el texto aparece una pista para contestar a esta pregunta: ¿A qué persona se refieren estas formas verbales? Rodea con un círculo la opción correcta.

yo — tú — usted — él/ella — nosotros/as — vosotros/as — ustedes — ellos/as

Tarea 5

Ahora vamos a intentar sacar una regla. Trabaja con tus compañeros y escribe en este cuadro todas las formas, incluidos los infinitivos de los verbos, como en el ejemplo.

-ar	tú	usted
marcar	marca	marque

-er/-ir	tú	usted
abrir	abre	abra

Intenta dar un nombre a esta nueva forma del verbo: ....

Formula la regla:

Para los verbos en **-ar**, la forma *tú* lleva ...., pero la forma *usted* lleva ....

Para los verbos en **-er/-ir**, la forma *tú* lleva ...., pero la forma *usted* lleva ....

◁ Procesos de adquisición

EL BUEN PROVECHO (I)

◀ Alicia Clavel Martínez ▶

Clasificación

Apartado: Procesos de adquisición

Destinatarios: Profesores

Tipo de agrupamiento en clase: Toda la clase

Preparación

Tiempo de preparación: Ninguno

Recursos: Ninguno

Duración de la actividad en clase: 10 minutos

◖ Descripción

El objetivo de la presente actividad es el de animar la reflexión de los profesores sobre las aportaciones didácticas que se pueden generar a partir de la comparación entre aprender una lengua en un contexto de inmersión (o aprendizaje natural, no guiado por la instrucción) o hacerlo en un contexto institucional (el aula).

Uno de los sueños acariciados por los profesionales que procuran un acercamiento comunicativo a la enseñanza de lenguas consiste en reproducir en el aula, y en la medida de lo posible, las situaciones y procesos que se dan en el aprendizaje natural de una lengua. Lo hacen con el objetivo de garantizar, por un lado, la capacidad de sus aprendientes para comunicarse en la vida real y, por otro, la calidad y el éxito de dicho aprendizaje en general.

◖ Pasos de la actividad

1. En primer lugar te proponemos una actividad para presentar el tema que después vamos a trabajar. Lee las siguientes preguntas y reflexiona sobre las diferencias existentes entre aprender una lengua extranjera en un entorno natural y en uno institucional.

    1. ¿Es el mismo *input* o información nueva —en términos de tipo, calidad y cantidad— que se presenta al aprendiente en ambos entornos?

    2. En ambos entornos de aprendizaje, ¿se presenta esa información nueva o *input* de la misma manera desde el punto de vista de la secuencia y de la selección de lo que se presenta?

    3. ¿Se dispone del mismo tiempo para aprender?

    4. ¿Existe el mismo grado y tipo de presión para comunicarse?

    5. ¿Se produce retroalimentación y corrección de errores en la misma medida?

2. ¿Con cuáles de los anteriores aspectos (1-5) puedes relacionar cada una de las siguientes observaciones?

a. Los interlocutores nativos en raras ocasiones corrigen los aspectos formales de la intervención del aprendiente; generalmente piden aclaración o proporcionan información sobre cuestiones relacionadas con el significado, que generalmente operan sobre el léxico.

b. Se selecciona una serie limitada de contenidos que se pretenden presentar y que son objeto de aprendizaje.

c. El aprendiente está expuesto a diferentes hablas, registros y tipos de discurso.

d. La lengua a que está expuesto oralmente y por escrito el aprendiente está regulada y controlada en términos de dificultad léxica y morfosintáctica.

e. El tiempo que el aprendiente pasa expuesto a la lengua es limitado.

f. Utilizar la lengua objeto es casi una cuestión de supervivencia.

3. ¿A qué entorno de aprendizaje (contexto natural o contexto del aula) asociarías las observaciones anteriores (a-f)? Puedes revisar las ⍟ **Soluciones**.

4. Lee estos ⍟ **Textos**; en ellos se ofrece información para sistematizar las diferencias que se dan en estos dos entornos de aprendizaje.

5. Desde tu punto de vista, ¿qué recursos del aprendizaje en entorno natural pueden rescatarse para ser aprovechados didácticamente en el aula? ¿Cuáles de los relacionados con el aprendizaje en el aula crees que son importantes para ayudar a hacer avanzar a los aprendientes de segundas lenguas?

Guarda tus respuestas para seguir trabajando con ellas en la segunda fase de la actividad **«El buen provecho (II)»** que aparece a continuación en este volumen.

Comentarios

Estas propuestas de comparación están basadas en el capítulo quinto del libro de Lightbown, P. M. & Spada, N.: *How Languages are Learned*, Oxford University Press, Oxford, 1999.

Soluciones

2. La relación de las observaciones (a-f) con las preguntas (1-5) es:

a5 b2 c1 d1 e3 f4

3. La relación de las observaciones (a-f) con los distintos entornos de aprendizaje es.

a. Sin instrucción.	d. Con instrucción.
b. Con instrucción.	e. Con instrucción, generalmente.
c. Sin instrucción.	f. Sin instrucción.

Input

El *input* a que está expuesto el aprendiente de español es:

En contexto natural	En el aula
Mucho más extenso en contexto natural que en el aula. El *input* no se adapta al nivel de competencia del aprendiente ni por lo que se refiere al vocabulario ni al tipo de discurso, ni de estilo ni de registro. El *input* que aparece en un contexto de inmersión no ha sido previamente seleccionado por los hablantes.	En el aula aparece restringido generalmente al habla del profesor y a los textos orales o escritos que se trabajan en clase. En el aula el *input* está modificado para ajustarse a lo que el estudiante es capaz de comprender. El *input* que aparece en el aula ha sido previamente seleccionado en buena medida por el profesor o los materiales didácticos.

Retroalimentación y corrección de errores

En contexto natural	En el aula
En contexto natural puede no darse el caso, o, en todo lugar, el interlocutor procurará pedir aclaración o proporcionar las palabras que obstaculicen la comunicación.	En el aula la retroalimentación y la corrección del error, tanto formal como de significado, es sistemática. El profesor utiliza conscientemente técnicas y estrategias que contribuyan a la mejora cualitativa de las producciones del aprendiente.

Tiempo dedicado al aprendizaje

En contexto natural	En el aula
Es evidentemente mucho mayor en el caso del aprendizaje en un entorno natural.	Es menor que en el contexto natural, pero, no obstante, no se puede desestimar el tiempo que un alumno dedica fuera del aula al utilizar la lengua meta para acceder a textos electrónicos en Internet para leer, informarse o comprar, utilizar el *chat* para comunicarse, o cuando sigue un curso de español por Internet, etc.

EL BUEN PROVECHO (II)

Alicia Clavel Martínez

Clasificación

Apartado: Procesos de adquisición

Destinatarios: Profesores

Tipo de agrupamiento en clase: Toda la clase

Preparación

Tiempo de preparación: Ninguno

Recursos: Fichas

Duración de la actividad en clase: 30 minutos

Página de Internet recomendada:
http://cvc.cervantes.es/aula/didactired/anteriores/enero_03/24012003.htm

Descripción

La actividad que presentamos a continuación es la segunda de una serie titulada «El buen provecho» con la que se pretende buscar un espacio para la reflexión sobre la comparación entre el hecho de aprender una lengua en un contexto de inmersión —o aprendizaje natural, no guiado por la instrucción— y en un contexto institucional, el aula y las aportaciones didácticas que pueden derivarse de las conclusiones extraídas.

Introducción a la actividad

Recuerda la reflexión sugerida en la actividad anterior, **«El buen provecho (I)»**. Si no conoces esta actividad, te aconsejamos su lectura antes de realizar la que ahora te proponemos. Si ya la has leído y guardas los resultados, recupéralos y compáralos con los que te proponemos a continuación. En esta actividad, vamos a centrarnos en aspectos relacionados con el *input* que recibe un aprendiente en ambos contextos. ¿Has llegado a alguna conclusión sobre en qué medida se puede aprovechar en clase lo que sabemos que ocurre respecto al *input* en el proceso de adquisición de una segunda lengua en un contexto natural?

Reflexiona ahora sobre las siguientes cuestiones:

- ¿Crees que es posible mejorar la calidad del *input* que ofrecemos en clase?

- ¿Consideras que los profesores podemos proporcionar *input* extenso a nuestros estudiantes en el aula? ¿Cómo?

- ¿Crees que los profesores podemos hacer uso del *input* modificado en el aula?

- ¿Opinas que en el aula es posible favorecer el procesamiento de la información nueva?

Pasos de la actividad

1. En esta actividad vamos a concentrarnos en un aspecto que no por obvio deja de ser importante: el apercibimiento de la forma nueva por parte del aprendiz. Cualquiera que sea el entorno de aprendizaje, para que una forma nueva se aprenda, esta ha de aparecer y el aprendiz debe darse cuenta de ello. Tomado el apercibimiento como premi-

sa del aprendizaje, hay que señalar que se produce de muy diferente manera dentro y fuera del aula. ¿Cuáles de las siguientes técnicas utilizadas en la clase y encaminadas a reclamar la atención del aprendiz sobre la información nueva te parecen, a primera vista, más relacionadas con el aprendizaje que se da en un contexto natural? ¿Crees que son también las más efectivas?

a. El estudiante oye algo de manera repetida.

b. El estudiante lee algo señalado o repetido en un texto.

c. El profesor señala algo por escrito.

d. Los estudiantes entran en una dinámica de negociación del significado de nuevos elementos, a través de la conversación.

e. El profesor proporciona una definición, un sinónimo, la traducción... de un elemento nuevo.

(Inspirado en Robinson, P.: *Cognition and Second Language Instruction,* Cambridge University Press, Cambridge, 2001).

Puedes cotejar tu reflexión sobre estas cuestiones con nuestras propias ➥ **Observaciones**.

2. En las cinco anteriores propuestas de presentación de información nueva aparecen algunas de las siguientes características relacionadas con el proceso de apercibimiento de la información nueva. ¿Cuáles de ellas has procurado utilizar en el aula?

a. Resaltar la forma nueva por escrito con color, subrayado, etc.

b. Hacer aparecer la forma nueva de manera repetida (de manera oral o por escrito).

c. Hacer aparecer la forma nueva a través de la negociación del significado, por ejemplo en una conversación.

d. Crear expectativas sobre esa nueva forma.

e. Hacer necesaria la forma nueva para continuar con una actividad de comunicación.

f. Plantear el descubrimiento del significado, un reto.

¿Has realzado la información nueva de alguna otra manera? ¿Qué procedimiento has utilizado?

3. Lee las siguientes actividades y reflexiona sobre cuáles de las cinco técnicas utilizadas para hacer que los alumnos se aperciban de la existencia de una información nueva, además de las que hayas aportado tú, se dan en cada una de ellas.

• El profesor propone una audición en la que aparece un tiempo nuevo y le pide al estudiante que deduzca de qué tiempo se trata, que identifique las formas nuevas que han aparecido viéndolas por escrito, etc.

• El profesor propone la lectura de un texto breve en el que aparecen algunas palabras en negrita o coloreadas y le pide al estudiante que deduzca el significado por el contexto.

• El profesor escribe en la pizarra una serie de palabras nuevas o una estructura gramatical dada.

• El profesor emite frases, dos veces al menos, donde una serie de palabras aparecen contextualizadas. Cuando los estudiantes crean saber el significado de las mismas van levantando la mano. Al final el profesor aclara los significados de aquellas que no han podido ser deducidas. (De Nation, I. S. P.: *Learning Vocabulary in Another Language,* Cambridge University Press, Cambridge, 2001).

- El profesor presenta una serie de palabras en la lengua extranjera y sus correspondientes definiciones (o traducciones o sinónimos) y pide a los estudiantes que formen parejas y relacionen los elementos de las dos series.

- El profesor propone textos orales o escritos en los que hay una serie de palabras escondidas que los estudiantes tienen que averiguar.

- En una conversación con sus estudiantes el profesor anota las palabras nuevas que ha tenido que introducir por medio de aclaraciones y realiza alguna actividad significativa con ellas.

En el ⌄ **Cuadro** encontrarás algunas respuestas para complementar o continuar tu reflexión.

Comentarios

Una posible ampliación de esta actividad consiste en seleccionar varias actividades que pueden considerarse de introducción a ciertos contenidos léxicos, a partir de los materiales de carácter comunicativo y analizar si en ellos:

a. Se plantea al estudiante un reto, un descubrimiento o una necesidad inmediata para llegar a apercibirse de las palabras en cuestión.

b. La aproximación al léxico nuevo es plenamente significativa.

c. El léxico nuevo está convenientemente realzado.

d. Las nuevas palabras se presentan de manera redundante o se retoman de alguna forma inmediatamente después: ¿Se presenta y luego se olvida?

El intercambio de ideas entre varios profesores puede aportar mejoras sobre los materiales con los que habitualmente trabajamos y enriquecer la atención de nuestros estudiantes sobre las formas nuevas.

Observaciones

Cuando alguien aprende en un contexto natural, por ejemplo, palabras nuevas de una lengua extranjera, parece común que, para ello, las oiga varias veces (a) y (b) y que surjan nuevas palabras en el transcurso de una conversación en la lengua objeto de aprendizaje (d). Cuando en una interacción el interlocutor aclara a través de la definición o la traducción un término que el aprendiente no ha entendido, también podemos considerar que se produce apercibimiento (e). Más propio, sin embargo, del aprendizaje en contexto de instrucción resulta la opción (c), aunque en determinadas circunstancias el interlocutor o interlocutora pueda escribir la información que falte en el curso de una conversación.

⊻ Cuadro

1. Crear expectativas sobre esa nueva forma (d) y plantear el descubrimiento del significado, un reto (f).

2. Resaltar la forma nueva por escrito con color, subrayado, etc. (a).

3. Hacer aparecer la forma nueva de manera repetida de manera oral o por escrito (b) y crear expectativas sobre esa nueva forma (d).

4. Hacer aparecer la forma nueva a través de la negociación del significado, por ejemplo en una conversación (c) y hacer necesaria la forma nueva para continuar con una actividad de comunicación (e).

5. Hacer aparecer la forma nueva de manera repetida de manera oral o por escrito (b) y plantear el descubrimiento del significado, un reto (f).

6. Hacer aparecer la forma nueva a través de la negociación del significado, por ejemplo en una conversación (c) y hacer necesaria la forma nueva para continuar con una actividad de comunicación (e).

EL BUEN PROVECHO (III)

Alicia Clavel Martínez

Clasificación

Apartado: Procesos de adquisición

Destinatarios: Profesores

Tipo de agrupamiento en clase: Toda la clase

Preparación

Tiempo de preparación: Ninguno

Recursos: Fichas

Duración de la actividad en clase: 30 minutos

Descripción

La actividad que presentamos a continuación es la tercera de una serie titulada «El buen provecho» con la que se pretende buscar un espacio para la reflexión sobre la comparación entre el hecho de aprender una lengua en un contexto de inmersión —o aprendizaje natural, no guiado por la instrucción— y en un contexto institucional, el aula y las aportaciones didácticas que pueden derivarse de las conclusiones extraídas. El objetivo específico de esta tercera actividad de la serie es el de avanzar y profundizar en la comparación de los dos contextos de aprendizaje mencionados en relación con el tipo de *input* en el aprendizaje de una lengua segunda o extranjera.

Introducción a la actividad

Si no conoces las actividades de la serie, te aconsejamos su lectura antes de realizar la que ahora te proponemos. En este volumen encontrarás «El **buen provecho (I)**», donde reflexionábamos sobre las diferencias y semejanzas en ciertos aspectos de la enseñanza entre dichos contextos de aprendizaje (inmersión y el aula). A continuación, en «El **buen provecho (II)**» introducíamos la cuestión que ocupa principalmente esta serie, el *input* o información nueva que recibe el aprendiente y, concretamente, incidíamos en cómo mejorar el apercibimiento del estudiante sobre dicho *input*.

Pasos de la actividad

1. Lee las siguientes definiciones y asocia los conceptos que te proponemos con uno de estos dos contextos de aprendizaje: no guiado o guiado por instrucción.

TIPOS DE *INPUT* O INFORMACIÓN NUEVA	
Input **extenso**	*Input* **modificado**
Información lingüística a la que puede estar expuesto el aprendiente cuando esta no ha sido sometida a ninguna modificación, ni se adecua a los conocimientos y a las habilidades del no nativo. Lo que el estudiante lee, ve o escucha es idéntico a lo que el nativo de la lengua objeto está expuesto en términos de calidad y cantidad.	Información lingüística a la que puede estar expuesto el aprendiente cuando esta ha sido adaptada y modificada para adecuarse a los conocimientos y habilidades del no nativo. Lo que el estudiante lee, ve o escucha supone, en general, una simplificación tanto formal como semántica, en relación con la información a que está expuesto el hablante nativo de la lengua. Ten en cuenta que las modificaciones a que puede someterse esa información nueva pueden tener como foco el significado o la forma. — En el primer caso, nos referiremos al **input comprensible** como término genérico para designar, no solo el *input* en términos de grado de dificultad de la forma nueva en relación con los conocimientos del aprendiente, en la línea de S. Krashen, sino también como aquella información nueva que se genera a partir de procesos de negociación del significado, generalmente presentes en la interacción, sea oral o escrita. — En segundo lugar, hablaremos de **input estructural** cuando las modificaciones a las que se somete a la información nueva tienen como foco la forma, la corrección gramatical. En general, este tipo de información aparece en las exposiciones sobre asuntos estructurales y en la retroalimentación y corrección de errores.

Reflexiona sobre estos conceptos y el entorno de aprendizaje en que aparecen. Revisa las ◥ **Soluciones**.

2. ¿Crees que podemos enriquecer la información lingüística nueva en el aula con el *input* propio de situaciones de aprendizaje natural? ¿Cómo crees que puede el aula convertirse en una fuente que genere todos estos tipos de información nueva?

Si la clave es el enriquecimiento, la solución la pone la didáctica. Clasifica las siguientes propuestas de actividades según sean potenciales generadores de *input* extenso, comprensible (modificado), o ambos.

A	Actividades en las que el estudiante tiene que realizar una búsqueda en Internet o visitar ciertas páginas como parte de una tarea más amplia. El objetivo sería diverso: recoger información, contrastarla, comprobar otra información previa, etc. También podría hacerse con documentos en papel.
B	Actividades de intercambio de información oral que den lugar a un producto cuyo objetivo sea mostrar la comprobación de la comprensión.
C	Actividades de intercambio de información a través del *chat* con otros compañeros o con nativos de la lengua.
D	Realización de proyectos o tareas que impliquen la consulta de fuentes orales (por ejemplo, una entrevista) procedentes de otros compañeros o nativos de la lengua.
E	Conversación de carácter personal con otros estudiantes o con nativos de la lengua con el objetivo de conocerse mejor.

Revisa las ◥ **Soluciones** de esta segunda actividad.

3. Reflexiona ahora sobre las siguientes cuestiones:

- ¿Puedes pensar en otras dinámicas que enriquezcan el *input* a que se expone al estudiante?

- ¿Utilizas alguna de las anteriores dinámicas en el aula?

- ¿Tu situación de enseñanza puede albergar o alberga espacios libres para desarrollar alguna de ellas?

- ¿Cómo crees que valoran o valorarían tus alumnos este tipo de actividades?

Comentarios

Una posible ampliación de esta actividad consiste en poner en común actividades en las que se favorezca la aparición de *input* extenso o comprensible para intercambiar dinámicas entre profesores.

Si estás interesado en el tema, puedes consultar la siguiente bibliografía:

Felix & Hann: «Natural Processes in Classroom Second Language Learning», *Applied Linguistics,* 6, 1985 (págs. 223-238).

Gass, S. & Madden (eds): *Input in Second Language Acquisition,* Rowley, Mass, Newbury House, 1985.

Krashen, S., 1985: *The Input Hypothesis: Issues and Implications,* Longman, Londres, 1985.

Soluciones

1. En general, el aprendiente recibe *input* extenso en un contexto natural de aprendizaje, mientras que el *input* modificado aparece, generalmente en el contexto del aula. Sin embargo, el *input* comprensible puede aparecer en una situación de aprendizaje no guiado cuando, por ejemplo, el hablante nativo pide aclaración al aprendiente sobre lo que ha dicho o escrito cuando la comprensión entre ambos no ha sido correcta.

2. a. *Input* extenso

   b. *Input* extenso y comprensible

   c. *Input* extenso y comprensible

   d. *Input* extenso y comprensible

   e. *Input* extenso y comprensible

EL BUEN PROVECHO (IV)

Alicia Clavel Martínez

Clasificación

Apartado: Procesos de adquisición

Destinatarios: Profesores

Tipo de agrupamiento en clase: Toda la clase

Preparación

Tiempo de preparación: Ninguno

Recursos: Transcripciones

Duración de la actividad en clase: 30 minutos

Descripción

La actividad que presentamos a continuación es la cuarta de una serie aparecida en este volumen y titulada «El buen provecho» cuyas actividades anteriores son: «**El buen provecho (I)**», «**El buen provecho (II)**» y «**El buen provecho (III)**». Con esta serie de actividades se pretende buscar un espacio para la reflexión sobre la comparación entre el hecho de aprender una lengua en un contexto de inmersión —o aprendizaje natural, no guiado por la instrucción— y en un contexto institucional, el aula y sobre las aportaciones didácticas que pueden derivarse de las conclusiones extraídas.

Introducción a la actividad

En «**El buen provecho (I)**» se proponía la reflexión sobre las diferencias y semejanzas entre el aprendizaje en un contexto de inmersión y el aprendizaje en un contexto institucional. En «**El buen provecho (II)**» se abordó la cuestión que ocupa principalmente esta serie, el *input* o información nueva que recibe el aprendiente en cada uno de estos contextos de aprendizaje y, concretamente, se incidía en cómo mejorar el apercibimiento del estudiante sobre dicho *input*. En la tercera entrega de esta serie, «**El buen provecho (III)**», la atención se centró en analizar los diferentes tipos de *input* a los que puede estar expuesto un aprendiente.

Por su parte, en la actividad que ahora presentamos, se invita a los profesores a reflexionar sobre las situaciones en las que se produce interacción dentro y fuera del aula y a analizar el *input* que de cada una de ellas puede derivarse, teniendo en cuenta las cuestiones que se han trabajando hasta ahora.

Pasos de la actividad

1. Lee con atención estas tres muestras imaginarias de posibles interacciones orales en el aula.

   a.

   Profesor: John no está. ¿Alguien sabe si le ha pasado algo?

   Alumno: Yo creo que es enfermo en casa, hoy no va en clase...

   Profesor: ¿Catarro?

   Alumno: No sé catarro.

Profesor: *(El profesor estornuda.)* ¿Tiene catarro?

Alumno: Sí, sí, catarro.

Profesor: Bueno, esperemos que pueda venir mañana.

b.

Profesor: El pretérito perfecto se usa con los siguientes marcadores temporales. *(El profesor escribe los marcadores en la pizarra.)*

Alumno: *(Silencio, toma nota.)*

Profesor: Ejemplos. *(El profesor escribe los ejemplos en la pizarra.)*

Alumno: *(Silencio, toma nota.)*

Profesor: A ver Satchiko, piensa en un ejemplo con el verbo *hablar*, Ahmed, con el verbo *comer* y Patricia, con el verbo *salir*.

Alumno 1: Esta mañana he hablado con amiga.

Profesor: Bien, Ahmed...

c.

Profesor: A ver, vamos a hacer un juego. Poneos todos en círculo. *(Dibuja un círculo con las manos.)* Así, muy bien.

Alumno 1: Yo con Martha ...

Profesor: Bien, siéntate donde quieras. Este es el tablero. *(Despliega el tablero.)* Uno tira el dado, a ver, Ahmed, por ejemplo.

Alumno 2: Yo rey de dado. *(Ríe.)*

Profesor: Tomad una ficha cada uno...

Alumno 3: Yo rojo.

Alumno 4: Yo esto. *(Señala con el dedo.)*

Profesor: ¿La azul?

Alumno 4: No, otro.

Profesor: ¿La amarilla? Toma.

Alumno 4: Sí, toma amarilla.

De acuerdo con R. Ellis, se pueden señalar tres metas distintas para la interacción oral en el aula:

- Interacción relacionada con objetivos pedagógicos.
- Interacción relacionada con la organización de actividades en el aula.
- Interacción encaminada a la socialización.

Relaciona las muestras anteriores con estas metas. Revisa las ⌄ **Soluciones**.

2. Reflexiona y señala si estás de acuerdo con la siguiente afirmación:

> «De las tres muestras y tres metas descritas, básicamente la muestra *a* se correspondería con interacciones propias tanto de un contexto de instrucción (marcadamente comunicativo, eso sí) y la tercera de las metas (la interacción encaminada a la socialización) con un contexto natural de aprendizaje.»

3. De acuerdo con autores como Gass & Madden, 1985, negociar el significado en el curso de una interacción oral, cuando al menos uno de los participantes es no nativo de la lengua, consiste en interrumpir el intercambio de ideas con secuencias que indican falta de comprensión de una parte o de todo el mensaje previamente recibido. Se trata de peticiones de aclaración, de repetición o de confirmación que habilitan a un interlocutor para responder apropiadamente al otro.

Sabemos que esta negociación del significado asociada a conversaciones entre nativos o no nativos con aprendientes de una lengua dada constituye el caldo de cultivo ideal para que se genere *input* comprensible. Sabemos que esto bien puede ser así, no quizás porque tengamos resultados científicos y experimentales absolutamente concluyentes, sino porque:

- Negociar significados permite hacer avanzar la comunicación.

- Genera *input* comprensible en la medida en que reciben respuesta las indicaciones explícitas o implícitas de que no ha habido comprensión por parte del interlocutor.

- El *input* o información lingüística nueva se muestra plenamente comprensible para el no nativo, lo que supone un primer paso imprescindible para que la adquisición se produzca.

Si estás de acuerdo y asumes plenamente que todo esto es así, te animamos a que ahora te preguntes sobre estas cuestiones:

1. ¿Proporcionan los manuales de español que conoces suficientes dinámicas que promuevan la interacción con negociación de significados?

2. ¿Asumes la tarea de conversar negociando en clase con tus alumnos? ¿Nunca? ¿Solo en ocasiones? ¿A menudo?

3. ¿Qué dinámicas favorecen la negociación de significados y la consiguiente aparición de *input* comprensible?

En la última actividad de esta serie, encontrarás los resultados. Guarda las respuestas que ahora señales y recupéralas en la lectura de «**El buen provecho (V)**».

Comentarios

Son muchos y diversos los estudios sobre el efecto de la interacción en la adquisición, de la interacción como fuente de *input*. A ello han dedicado esfuerzos autores como C. Doughty, S. Gass, M. Long, T. Pica o M. Swain, por citar solo algunos nombres. Para un acercamiento clásico y de iniciación al tema recomendamos:

Ellis, R.: *Second Language Research and Language Teaching*, Cap. 7, Oxford University Press, Oxford, 1997.

Gass, S. & C. Madden (eds.): *Input in Second Language Acquisition*, Newbury House, Cambridge, 1985.

EL BUEN PROVECHO (V)

Alicia Clavel Martínez

Clasificación

Apartado: Procesos de adquisición

Destinatarios: Profesores

Tipo de agrupamiento en clase: Toda la clase

Preparación

Tiempo de preparación: Ninguno

Recursos: Fichas

Duración de la actividad en clase: 30 minutos

Descripción

La actividad que presentamos a continuación es la quinta y la última de una serie recogida en este volumen y titulada «El buen provecho» («El buen provecho (I)», «El buen provecho (II)» , «El buen provecho (III)» y «El buen provecho (IV)») con la que se ha pretendido buscar un espacio para la reflexión sobre la comparación entre el hecho de aprender una lengua en un contexto de inmersión —o aprendizaje natural, no guiado por la instrucción— y en un contexto institucional, el aula, y sobre las aportaciones didácticas que pueden derivarse de las conclusiones extraídas. El eje conductor de la serie ha sido el análisis de cuestiones relacionadas con el *input* o información nueva.

El objetivo específico de esta quinta actividad es el de proporcionar ciertas claves que permitan favorecer en el aula la negociación de significado, entendiendo este proceso como generador fundamental de *input* comprensible en el curso de una interacción oral con el aprendiente. Este planteamiento cierra, por tanto, el objetivo de la serie: enriquecer la enseñanza que se da en el contexto del aula al tener en cuenta mecanismos propios de la inmersión lingüística a través del tratamiento del *input*.

Introducción a la actividad

En «El buen provecho (I)» se proponía la reflexión sobre las diferencias y semejanzas entre el aprendizaje en un contexto de inmersión y el aprendizaje en un contexto institucional. En «El buen provecho (II)» se abordó la cuestión que ocupa principalmente esta serie, el *input* o información nueva que recibe el aprendiente en cada uno de estos contextos de aprendizaje y, concretamente, se incidía en cómo mejorar el apercibimiento del estudiante sobre dicho *input*. En la tercera entrega de esta serie, «El buen provecho (III)», la atención se centró en analizar los diferentes tipos de *input* a los que puede estar expuesto un aprendiente. Y en «El buen provecho (IV)» se proponía la reflexión sobre las situaciones en las que se produce interacción dentro y fuera del aula y el *input* que de cada una de ellas puede derivarse.

Pasos de la actividad

1. Si conservas los resultados de «El buen provecho (IV)» recupéralos ahora. Entonces nos preguntábamos básicamente cómo los profesores de español favorecemos la negociación del significado en el aula.

Lee con atención lo que Nation dice al respecto e intenta extraer tres conceptos clave que puedan dar respuesta a esa pregunta.

«Los profesores pueden favorecer la negociación asegurándose de que los estudiantes cuentan con la capacidad, el ánimo de colaborar y las oportunidades de negociar. Ellis y sus colegas garantizaron la capacidad para negociar proporcionando a los alumnos una lista de frases que resultaban útiles en la negociación. Se puede proporcionar práctica en negociación a los aprendientes, estableciendo la negociación como una meta, y creando así un modelo sobre el que practicar. Pueden sentirse animados a participar en la negociación si entran a formar parte de grupos en los que se sienten cómodos en caso de tener que pedir ayuda.»

Revisa la ⊻ **Solución**.

2. Asumiendo que los tres conceptos expuestos por Nation son claves para favorecer la negociación en las interacciones, te proponemos dar un paso más y que te preguntes qué aspectos caracterizan una negociación de significado en el curso de una conversación, qué procesos se llevan a cabo, con qué fin, etc.

Para ello, imagina una conversación entre un nativo de la lengua (N) y un no nativo o aprendiente (NN). Intenta reconstruir el orden en que se producen las siguientes intervenciones y numéralos. Ten en cuenta que la secuencia debe empezar (paso 1) con «NN.— Indica que no comprende».

NN:	Afirma que comprende.
N:	Repite lo mismo. Repite reformulando. Amplía lo dicho y parafrasea...
NN:	Pide aclaración. Pide confirmación de su comprensión. Pide repetición. Repite él mismo preguntando...
NN:	Indica que no comprende.
N:	Se da cuenta de que NN lo comprende.
N:	Se da cuenta de que N no lo comprende.

Revisa la ⊻ **Solución**.

En este modelo de negociación (adaptado de Pica & Doughty, 1985) volvemos a encontrar dos claves, esta vez para la generación de *input* comprensible:

a. El aprendiente debe hacer saber verbalmente que no ha comprendido.

b. El interlocutor, sea nativo o no, debe corresponder para aclarar.

Si las propuestas para enfrentar la cuestión *a* vienen dadas por la reflexión de Nation, en consecuencia, cabría formularse la siguiente pregunta: ¿Cómo se puede convertir tanto a los alumnos como al profesor, más que en interlocutores en una interacción en el aula, en generadores activos de *input* comprensible? Nuestras posibles respuestas son:

• Generando dinámicas de aula, actividades en las que tenga cabida la conversación no guiada para que pueda aparecer la negociación. Y nadie dijo que el profesor no pueda participar como uno más... Creando o seleccionando actividades de pequeño o gran grupo... Te proponemos algunos ⊻ **Ejemplos**.

- Aprovechando todos los mecanismos de retroalimentación con los que puede contar el profesor, y todos los momentos de corrección para enriquecer el *input* que el alumno pueda recibir. Ampliando la información, comentando algo al respecto, ofreciendo ejemplos, bromas... En definitiva trabajando en el aula de manera que no se desaproveche ninguna oportunidad de ofrecer nueva información lingüística, incluida, por tanto, la corrección de errores.

Comentarios

Hay algunas evidencias que parecen señalar que se da más negociación entre no nativos, digamos los compañeros del aula de español, que entre un nativo, el profesor pongamos por caso, y los aprendientes. Algunos estudios vienen a confirmar que se dan pocos ajustes conversacionales por parte del profesor: Long & Sato (1980), Pica & Long (1982), Pica & Doughty (1985), etc.

Esperamos que este espacio de reflexión anime a los profesores de español a prestarle más atención al flujo de información lingüística nueva en el aula y que les ayude a proponerse seriamente enriquecer el acervo de los alumnos; ellos, entrenados en el apercibimiento, conscientes de que en el aula, sea cual sea la situación, se aprende algo y habituados a negociar, estarán estratégicamente preparados para un futuro aprendizaje autónomo y plenamente comunicativo fuera o dentro del aula.

La referencia bibliográfica que corresponde a la actividad presentada es la siguiente: Nation, I. S. P.: *Learning Vocabulary in Another Language,* Cambridge University Press, Cambridge (págs. 124-125).

Solución

1. **Las tres claves que el autor señala como favorecedoras de la negociación del significado en el aula son:**

   1. Dotar al alumno de los recursos lingüísticos necesarios para negociar.

   2. Plantear la negociación como un objetivo de aprendizaje, crear dinámicas que sirvan de marco y practicar.

   3. Favorecer la libertad de elección de interlocutores para cuidar la motivación del estudiante.

2. **Una negociación tipo seguiría los siguientes pasos:**

   NN: Indica que no comprende.

   N: Se da cuenta de que NN no le comprende.

   NN: Pide aclaración.
   Pide confirmación de su comprensión.
   Pide repetición.
   Repite él mismo preguntando...

   N: Repite lo mismo.
   Repite reformulando.
   Amplía lo dicho y parafrasea...

   NN: Afirma que comprende.

   N: Se da cuenta de que NN comprende.

Algunos ejemplos de dinámicas:

- Actividades de vacío de información.
- Puesta en común de datos para llegar a un resultado común; con reto e interés para los alumnos.
- Actividades de cinco minutos como comentar las noticias del día, hablar de los sucesos en el entorno del aula, etc.
- Simular situaciones de la vida cotidiana o de otras vidas (recurrir al teatro).
- Juegos como encontrar la mentira de un relato que hace el profesor o algún alumno.
- Entrevistas.

Repaso

EL BAÚL DE LOS RECUERDOS

Jimena Fernández Pinto

Clasificación

Apartado: Repaso

Nivel: A2 Plataforma (Inicial)

Destinatarios: Jóvenes y adultos

Tipo de agrupamiento en clase: Grupos pequeños y grandes y toda la clase

Preparación

Tiempo de preparación: 5 minutos

Recursos: Ninguno

Duración de la actividad en clase: 60 minutos

Descripción

El objetivo de esta actividad es que los alumnos repasen lo aprendido durante un determinado período de tiempo y que sean capaces de usar estos contenidos para comunicarse.

Ten en clase siempre una caja a la que llamaremos «el baúl de los recuerdos». Al final de cada clase deja unos minutos para que el grupo decida lo que quiere guardar de su jornada en el baúl. Los contenidos pueden ser lingüísticos, cognitivos, metacognitivos, estratégicos, etc. Intenta desde el principio establecer unos criterios claros al respecto (todo lo que nos gusta, lo más difícil, las dos cosas más importantes del día, palabras raras, estructuras para...) que clasifiquen en grupos diferenciados todos los contenidos que sean susceptibles de que los alumnos quieran introducirlos en «el baúl de los recuerdos». Cada elemento elegido se escribe en un trozo de papel o una tarjeta y se deposita en la caja. Tal como venimos insistiendo pueden ser palabras, estructuras, temas, etc.

Cuando un estudiante coloca un papelito dentro del baúl debe hacerlo justificando su elección. Por ejemplo, un alumno puede poner en el baúl la frase *¿Quieres tomar un café?* Para ello, tiene que leer el contenido de la tarjeta, que en este caso es una frase, y explicar por qué quiere depositarla en el baúl. En este caso, las razones que normalmente dan los alumnos se refieren a la utilidad de la frase o al gusto por el café.

Al final de la semana o del tiempo que te parezca oportuno, se abre el baúl. La clase se divide en grupos de varios alumnos y cada uno trabaja con uno de los «recuerdos». Pueden consultar sus notas y libros. Se trata de que expliquen a la clase la duda, el tema o las palabras que les hayan tocado. Para ello, deben ir extrayendo los papelitos que les hayan correspondido, leer su contenido y explicarlo de la mejor manera posible describiendo la funcionalidad, el contexto, la estructura, es decir, cualquier cosa que demuestre su conocimiento.

En una de las paredes de la clase, dispón una cartulina con el ⊾ **Cuadro** que te sugerimos.

Los alumnos tienen que completar el cuadro de la pared de manera rápida. Lo importante es que no tengan que pensárselo mucho, que a partir de frases y palabras que han manejado en distintas ocasiones, puedan establecer nuevos y diferentes contextos. Lo más conveniente es que establezcas un límite de tiempo (yo suelo hacerlo en los primeros veinte minutos de la clase de repaso, porque el tiempo restante lo dedicaremos a clarificar y ampliar conocimientos).

Una vez que se haya acabado el tiempo, haz una pequeña puesta en común. Luego, cada grupo puede preparar un pequeño diálogo en el que incluyan algunos de los elementos revisados y los demás tienen que encargarse de verificar que se mantengan los mismos presupuestos que figuran en el cuadro (estamos yendo del exponente al contexto y ahora de este al exponente).

Comentarios

Esta actividad puede hacerse en cualquier nivel.

A veces los grupos construyen historias a partir de uno de los diálogos, así que a partir de aquí pueden nacer relatos muy interesantes.

Cuadro

«Recuerdo»	¿Quién usa esta frase, palabra...?	¿Para qué la utiliza?	¿En qué contexto la utiliza?	¿Cuándo la dice?	¿Por qué la dice?

FABRICANTES DE SABER

Belén García Abia

Clasificación

Apartado: Repaso

Nivel: B1 Umbral (Intermedio)

Destinatarios: Jóvenes y adultos

Tipo de agrupamiento en clase: Parejas y toda la clase

Preparación

Tiempo de preparación: Ninguno

Recursos: Tarjetas

Duración de la actividad en clase: Varias sesiones

Descripción

El objetivo de esta actividad es que los estudiantes sistematicen lo que han aprendido durante la semana, repasen esos contenidos y reflexionen sobre la necesidad de ir periódicamente actualizando sus conocimientos. Además también servirá para, tanto al final del curso como a lo largo del mismo, comprobar y practicar lúdicamente lo aprendido.

Lleva a clase este ⬇ **Anuncio**. Coméntales que has encontrado esa mañana esa referencia en una revista especializada, que te ha llamado la atención, que te ha parecido un concurso muy interesante y que has hecho la inscripción para toda la clase. Explícales que el plazo de entrega del trabajo que realicéis coincide con el del final de vuestro curso de español y que por ello, contáis con tiempo de sobra para ir elaborando ese «Trivial didáctico». Tendréis que ir diseñando fichas de preguntas de los contenidos que trabajéis durante el curso.

Entrégales unas fichas en blanco en las que escribir y explícales que tendrán que pensar en preguntas para todas estas categorías:

(cada categoría llevará uno de los colores del trivial)

- **[G] Gramática a punto.** Sección en la que se formularán preguntas sobre aspectos gramaticales vistos y trabajados en el curso.

- **[V] Aprendiendo vocabulario.** Sección en la que se formularán preguntas sobre aspectos léxicos vistos y trabajados en el curso.

- **[F] ¿Para qué sirve?** Sección en la que se formularán preguntas sobre recursos de la lengua para situaciones concretas, por ejemplo saludar, describir, hacer valoraciones, opinar, etc., vistos y trabajados en el curso.

- **[C] Normas y hábitos sociales.** Sección en la que se formularán preguntas sobre aspectos culturales del curso como saludos, despedidas, fórmulas de escritos formales, etc.

- **[K] Cultura del día a día.** Sección en la que se formularán preguntas sobre aspectos culturales vistos y trabajados en el curso (por ejemplo, horarios, gastronomía, establecimientos, etc.).

- **[C] Grandes conocimientos.** Sección en la que se formularán preguntas sobre aspectos culturales del curso, relacionados con personajes de España e Hispanoamérica, obras literarias, pictóricas, etc.

Organiza la clase en dos grupos. Entrégales una serie completa de tarjetas en blanco a cada uno. El número de tarjetas y preguntas que tengan que completar para cada categoría dependerá del tiempo que quieras dedicar ese día a la actividad. Anímales a que discutan cuáles son las mejores preguntas para cada apartado. Mientras trabajan explícales que pueden consultar libros, apuntes, diccionarios, etc. Recuérdales que, por la parte de atrás de la ficha, deben incluir también las respuestas correspondientes a cada pregunta. Déjales que trabajen ellos solos, pero asegúrate de que completan cada tarjeta con preguntas para cada una de las categorías. Recoge después las fichas de los alumnos y archívalas.

Realiza la misma actividad en un momento de la clase al final de cada semana de trabajo. Cuando ya tengas fichas suficientes para jugar, lleva a clase un tablero del juego del Trivial y anímales a que jueguen en parejas o grupos pequeños. Ve apuntando las preguntas que planteen dificultad a los alumnos para trabajarlas en sucesivas clases.

En la sesión busca el momento para trabajar aquellos aspectos que plantearon problemas a los alumnos durante la realización del juego. Revisa esos contenidos y vuelve a proponerles que escriban más preguntas referidas a esos temas y que confeccionen más tarjetas para añadirlas al archivo del «Trivial didáctico» que ya tenéis en la clase.

Al final del curso, a modo de comprobación, los estudiantes pueden jugar al «Trivial didáctico». Pueden apuntar todas aquellas preguntas que contesten bien y al final del juego, en función de las preguntas o fichas que hayan conseguido, asignarse una «nota Trivial». Puedes hacer el juego dos días antes de terminar el curso para poder retomar y repasar lo que convenga.

No te olvides de seleccionar algún premio para los ganadores. Aunque el concurso haya sido una excusa para repasar contenidos, los alumnos han trabajado duro y se lo merecen.

c| Tratamiento de errores

¿CÓMO TRABAJAR LOS ERRORES EN CLASE?

Mario Gómez del Estal Villarino

Clasificación

Apartado: Tratamiento de errores

Nivel: B1 Umbral (Intermedio)

Destinatarios: Profesores

Tipo de agrupamiento en clase: Parejas

Preparación

Tiempo de preparación: Variable

Recursos: Fichas

Duración de la actividad en clase: 10-30 minutos

Páginas de Internet recomendadas:

http://cvc.cervantes.es/aula/didactired/anteriores/mayo_01/03052001.htm

http://cvc.cervantes.es/aula/didactired/anteriores/junio_01/11062001.htm

Objetivos

El objetivo de la propuesta que se presenta es ofrecer un tipo de actividad para el tratamiento y la corrección de frases erróneas frecuentes en las propuestas de nuestros alumnos. Se trata de diseñar pequeñas actividades que faciliten el intercambio oral y la reflexión en común sobre los errores cometidos por los propios estudiantes.

Las investigaciones en psicolingüística y la experiencia de dos décadas han venido a demostrar la relevancia que tiene la comunicación en la clase de segundas lenguas o extranjeras. Hay un consenso bastante extendido en el sentido de que tanto el propósito central de cualquier programa curricular como el de la metodología debe ser, por tanto, la comunicación en el aula.

Esto quiere decir que tan importante es el qué enseñar (una descripción de la lengua atenta a los procesos comunicativos presentes en todo intercambio lingüístico) como el cómo enseñar (a través de actividades de comunicación en el aula). En este sentido, en los últimos años se han publicado en nuestro país diversas propuestas que reflejan una descripción comunicativa del lenguaje vehiculada mediante actividades o tareas de comunicación.

El objetivo de la modesta propuesta que aquí se esboza es contribuir a una enseñanza comunicativa de la gramática, introduciendo lo más posible la interacción real en el aprendizaje, la práctica y el refuerzo de los contenidos gramaticales. Para ello se presenta la siguiente dinámica que puede servir de modelo para el profesor para una de las actividades más comunes en cualquier aula de español: la corrección de errores.

En el campo de la enseñanza/aprendizaje de lenguas extranjeras, el tratamiento del error es siempre cuestión polémica entre aquellos que enarbolan la bandera de su eliminación como objetivo central de la enseñanza (para los que es necesario suprimirlo desde su origen o incluso prevenir su aparición) y aquellos otros que abogan por una relación más fructífera respecto al error (para los que este último es solo un síntoma y además del que se puede sacar partido para obtener información privilegiada sobre la interlengua del estudiante).

En este sentido, es práctica frecuente en numerosas aulas la de pasar a los estudiantes fotocopias que incluyen frases (producidas por ellos mismos en práctica libre o semilibre, es decir, en una tarea de escritura o de intercambio oral) en las que hay errores sobre los que el profesor considera importante llamar la atención de los estudiantes, bien porque se trata de contenidos trabajados (y supuestamente aprendidos) durante la misma unidad o lección, o bien porque se trata de contenidos que se supone que los estudiantes ya deben dominar dado el nivel en el que se encuentran.

Suele tratarse de listados de frases que, en el mejor de los casos, son modificadas por el profesor con el objeto de impedir que los estudiantes reconozcan a sus autores, evitando así responsabilidades o culpabilidades innecesarias. Un ejemplo de ello es la siguiente actividad:

En cada una de las siguientes frases hay un error. Corrígelo.

- Fui a los conciertos de ellos.
- Me encanta mucho Lisboa.
- Esto es un foto de mí en Barcelona.
- La cosa más interesante de Madrid es el Museo del Prado.
- Mi primo es aquí.
- Recomiendo que hacéis estos ejercicios.
- Creo que tenga una fuerte personalidad.
- Yo no me gusta jugar deportes.
- [Informando de una actividad pasada] Vivía en Santander el semestre pasado.
- Somos novios cuando teníamos doce años.

Normalmente, el profesor solicita a los estudiantes que, en el aula o fuera de ella, analicen esas frases, identifiquen los errores y los corrijan. En una última fase, el material se revisa en el aula.

Pasos de la actividad

1. La propuesta que nosotros ofrecemos consiste en una fácil receta para convertir una actividad de reflexión individual y silenciosa como la anterior, en una actividad de intercambio oral efectivo en el aula, combinada con la reflexión en común, siempre mucho más productiva que la reflexión en solitario, no solo porque los datos que se aportan son normalmente más abundantes, sino también porque dos cabezas piensan mejor que una.

   Se trata de incluir en las fotocopias que se entreguen a los alumnos también aleatoriamente versiones correctas de las frases (**Fichas** A y B). Los estudiantes, agrupados en parejas, deberán intercambiar sus frases, revisarlas e identificar en cuál de las dos versiones se encuentran los errores a través del intercambio oral.

2. Una segunda formulación de esta actividad, más compleja porque los estudiantes no disponen de una única versión correcta para cada uno de los enunciados, consiste en incluir en cada una de las frases dos o más errores, modificando las frases en la medida que sea necesario para ello. Los errores estarán repartidos entre ambas versiones de las frases, sin que haya una única versión correcta (**Modelos** A y B).

Comentarios

La actividad se puede llevar a grupos de otros niveles.

Actividades como las dos anteriormente descritas, en las que la información se reparte entre los estudiantes, permiten introducir la comunicación en el trabajo sobre la gramática dentro del aula, favoreciendo además el aprendizaje cooperativo y la reflexión en común.

Si quieres continuar investigando sobre cómo trabajar la gramática en tus clases de manera que favorezcas el intercambio oral, la reflexión en común y el desarrollo de estrategias de aprendizaje, puedes consultar las dos actividades de este volumen «Trabajar contenidos lingüísticos dentro del enfoque por tareas (I)» y «Trabajar contenidos lingüísticos dentro del enfoque por tareas (II)» que versan sobre el tratamiento de la gramática dentro del enfoque por tareas.

FICHA A

Aquí tienes diez frases. Tu compañero tiene una versión diferente de cada una de ellas. Solo una de las dos es correcta. Intercambiadlas y decidid cuál es.

- Fui a los conciertos de ellos.
- Realmente, me encanta Lisboa.
- Esto es un foto de mí en Barcelona.
- Lo más interesante de Madrid es el Museo del Prado.
- Mi primo está aquí.
- Recomiendo que hagáis estos ejercicios.
- Creo que tiene una fuerte personalidad.
- Yo no me gusta jugar deportes.
- [Informando de una actividad pasada] Vivía en Santander el semestre pasado.
- Somos novios cuando teníamos doce años.

FICHA B

Aquí tienes diez frases. Tu compañero tiene una versión diferente de cada una de ellas. Solo una de las dos es correcta. Intercambiadlas y decidid cuál es.

- Fui a sus conciertos.
- Me encanta mucho Lisboa.
- Esta es una foto mía en Barcelona.
- La cosa más interesante de Madrid es el Museo del Prado.
- Mi primo es aquí.
- Recomendo que hacéis estos ejercicios.
- Creo que tenga una fuerte personalidad.
- A mí no me gusta hacer deporte.
- [Informando de una actividad pasada] Viví en Santander el semestre pasado.
- Somos novios desde que teníamos doce años.

◀ Modelos

MODELO A

Aquí tienes algunas frases con errores. Tu compañero tiene una versión diferente de cada una de ellas. Intercambiadlas y decidid cuáles son los errores y cuál sería la frase correcta.

- Fui a los conciertos de ellos porque realmente me encantan.
- Esto es un foto de mí cuando mi primo estaba aquí.
- Creo que la cosa más interesante de Madrid es el Museo del Prado.
- Recomiendo que hacéis estos ejercicios.
- A mí no me gusta jugar deportes.
- [Informando de una actividad pasada] Viví en Santander por el semestre pasado.
- Somos novios desde que tuvimos doce años.

MODELO B

Aquí tienes algunas frases con errores. Tu compañero tiene una versión diferente de cada una de ellas. Intercambiadlas y decidid cuáles son los errores y cuál sería la frase correcta.

- Fui a sus conciertos porque me encantan mucho.
- Esta es una foto mía cuando mi primo era aquí.
- Creo que lo más interesante de Madrid sea el Museo del Prado.
- Recomendo que hagáis estos ejercicios.
- Yo no me gusta hacer deporte.
- [Informando de una actividad pasada] Vivía en Santander el semestre pasado.
- Somos novios cuando teníamos doce años.

CORREGIR SIN HABLAR

Susana Gómez Sánchez

Clasificación

Apartado: Tratamiento de errores

Destinatarios: Profesores

Tipo de agrupamiento en clase: Grupos de 6 u 8 personas

Preparación

Tiempo de preparación: 2 minutos

Recursos: Ninguno

Duración de la actividad en clase: Variable

Descripción

Una buena forma de corregir los errores fosilizados de los alumnos es escribir en cada una de las palmas de nuestra mano o en tarjetas y con letra grande el elemento que queremos corregir (por ejemplo: *a – en*, *el – la*, etc.). Levantaremos la mano para que el alumno vea la opción correcta cada vez que se produzca ese error durante una actividad de expresión oral. Nos sentaremos frente a él para que pueda vernos, pero no tendremos que intervenir ni interrumpir su discurso ya que simplemente él rectificará inmediatamente al vernos.

Es importante señalar que esta técnica se debe usar con errores fosilizados y no con cualquier tipo de error y solo corrigiendo ese aspecto y ninguno más, porque sería imposible para el alumno concentrarse en varios aspectos a la vez.

La ventaja es que aunque estamos dando la solución al alumno, él reflexionará al corregirse (no hay que olvidar que se trata de errores fosilizados, de los que probablemente él sea consciente muchas veces).

Comentarios

Los resultados de esta técnica no son inmediatos; hay que trabajar mucho con cada error para mejorarlo y hacerlo en determinados momentos de la clase durante bastantes días.

¿CUÁL ERA EL ERROR INICIAL?

Susana Llorián González

Clasificación

Apartado: Tratamiento de errores

Destinatarios: Profesores

Tipo de agrupamiento en clase: Parejas

Preparación

Tiempo de preparación: 15 minutos

Recursos: Tarjetas

Duración de la actividad en clase: 30 minutos

Descripción

¿Sueles recopilar listados de los errores de tus alumnos para después trabajar con ellos? Si nunca lo has hecho, resulta enormemente útil, tanto para crear actividades a partir de ellos, como para reflexionar sobre el proceso de aprendizaje de tus alumnos.

¿De dónde extraer los errores? Puedes tomarlos de sus actividades de expresión escrita, de sus ejercicios, de las notas que tomes durante las observaciones de las actividades de interacción oral, de tu propia memoria de profesor, etc. Una vez que tu listado haya adquirido un cuerpo considerable, haz una recopilación de los errores más frecuentes o interesantes que hayas detectado. Céntrate cada vez en tipos concretos de errores, por ejemplo: de competencia sociocultural, de gramática, de léxico, etc.

Intenta no hacer una mezcla. Selecciona los más frecuentes y confecciona tarjetas o tiras de papel con ellos, contextualizándolos en enunciados o frases cortas que no sean muy dispares. Lo más aconsejable es hacer esta actividad al final de una unidad didáctica, para poder así guardar cierta coherencia.

Divide la clase en parejas. Entrega a cada una dos o tres tiras de papel. Déjales un tiempo para que localicen el error. Deben construir un pequeño texto (o un diálogo muy breve, dependiendo del tipo de error que hayas seleccionado) en el que incluyan los enunciados o frases con los errores, corregidos por ellos. Mientras están componiendo el texto o diálogo, supervisa su trabajo y cerciórate de que han encontrado la verdadera causa del error. Si no es así, préstales la ayuda que precisen. Pueden hacer todas las modificaciones que necesiten en el enunciado o frase que tú hayas propuesto, siempre que el error quede evidenciado.

Una vez finalizado el trabajo de composición de textos o diálogos, subrayarán lo que hayan corregido y le entregarán su texto a la pareja de al lado. Esta deberá especular sobre cuál era el error que contenía la tarjeta y escribir en un papel los enunciados que crean que pudieran estar escritos en la tarjeta.

Al final, deja que comprueben con las tarjetas, si realmente habían acertado. Comenta aquellos errores que te parezcan más interesantes, bien porque los alumnos hayan tenido dificultades para detectarlos, bien porque sean especialmente recurrentes.

DAME UNA (ERRORES FOSILIZADOS)

Chus Quiñones Calonge

Clasificación

Apartado: Tratamiento de errores

Destinatarios: Profesores

Tipo de agrupamiento en clase: Toda la clase

Preparación

Tiempo de preparación: Ninguno

Recursos: Regletas de madera

Duración de la actividad en clase: Una sesión

Descripción

Con esta sencilla técnica se consigue una actitud más positiva hacia esos errores fosilizados que son tan difíciles de superar.

Durante las primeras sesiones de trabajo, si detectas errores fosilizados en determinados alumnos de tu grupo (los errores pueden ser en un alumno francés utilizar *ir en* en lugar de usar *ir a* o en un alumno inglés escribir *es depende* en lugar de *depende*, etc.), puedes corregirlos entregando al alumno en cuestión ocho regletas de un determinado color. Cada vez que el alumno cometa este error, tendrá que entregarte una regleta, que le devolverás si hace una frase correcta a lo largo de la sesión.

Conviene apuntar los resultados durante varias sesiones para anotar el progreso de cada alumno.

Los demás alumnos deberán estar atentos a estos errores y ayudarte a entregar regletas si hacen la frase correcta.

Comentarios

Esta actividad se puede utilizar también en clases individuales. En grupo funciona muy bien porque entre todos se ayudan a corregir esos errores tan frecuentes y difíciles de eliminar.

EL BAÚL DE LOS TESOROS

Alicia Clavel Martínez

Clasificación

Apartado: Tratamiento de errores

Destinatarios: Profesores

Tipo de agrupamiento en clase: Toda la clase

Preparación

Tiempo de preparación: Ninguno

Recursos: Ninguno

Duración de la actividad en clase: Variable

Descripción

Desde los primeros días de curso, invitamos a los estudiantes a construir un baúl de los recuerdos donde diariamente guardaremos los errores más significativos que se produzcan en la clase con su correspondiente corrección. Podemos proponer a los alumnos establecer la distinción entre los errores de tipo gramatical y los léxicos, imaginando la existencia de dos cajones en el baúl.

Para construir el baúl se puede utilizar una caja de zapatos y decorarla. En ella se irán introduciendo las fichas con los errores que los propios estudiantes detecten o con los que se comentan en clase. Cada día, un estudiante se ocupará de revisar la clasificación de las fichas (errores gramaticales y léxicos) y de comprobar que se introduzcan en el baúl solo errores que no estén todavía señalados para evitar así repeticiones.

De este modo, se favorece en la clase la retención de la corrección del error por parte de los alumnos, pues se trata de un trabajo constante y en el que todos se ven implicados. Unos días antes del final del curso se sacan los «tesoros» del baúl y se analiza el progreso conseguido.

Comentarios

El baúl puede tener tantas formas como quepan en la imaginación de los implicados, tanto del profesor como de los alumnos.

EL SEMÁFORO

Chus Quiñones Calonge

Clasificación

Apartado: Tratamiento de errores

Destinatarios: Profesores

Tipo de agrupamiento en clase: Individual

Preparación

Tiempo de preparación: Ninguno

Recursos: Regletas de madera

Duración de la actividad en clase: Una sesión

Descripción

Presentamos a nuestros alumnos las tres regletas colocadas en el siguiente orden: rojo, amarillo y verde, y les preguntamos qué puede ser ese objeto; cuando lleguen a la conclusión de que es un semáforo, les preguntamos qué función tienen los colores en un semáforo (el color rojo nos indica que no se puede pasar; el amarillo, que pronto va a ponerse rojo y hay que pararse; y el verde que se tiene el camino libre). Les comunicamos que eso es lo que vamos a hacer durante una sesión a la hora de corregirles: deben decidir, si quieren que les corrijan todo, elegirán la roja, si quieren que les corrijan sólo a veces, la amarilla, o si no quieren que les corrijan nunca, la verde.

Durante la clase el profesor corregirá según la regleta que hayan elegido sus alumnos, es decir si uno ha elegido la roja, el profesor le corregirá absolutamente todos sus errores, de pronunciación, sintaxis, pragmática, etc. lo cual será muy agobiante para el alumno; si ha elegido la verde, el profesor no le corregirá nada, pero si ha elegido la amarilla, el profesor le corregirá lo que crea conveniente.

Comentarios

El objetivo de esta actividad es que los alumnos se den cuenta de que el profesor no puede corregirles cada error que cometan porque esto dificulta la comunicación, y de que la opción más adecuada es elegir la regleta amarilla, que permite al profesor corregir lo que crea oportuno en cada momento.

Se puede utilizar también con alumnos de clases individuales, donde parece que su mayor preocupación es que el profesor les corrija constantemente.

Esta idea fue sugerida por Richard Morgan.

¿MARGARITA O MARGARET?

José Plácido Ruiz Campillo

Clasificación

Apartado: Tratamiento de errores

Destinatarios: Jóvenes y adultos

Tipo de agrupamiento en clase: Individual y toda la clase

Preparación

Tiempo de preparación: 30 minutos

Recursos: Tarjetas

Duración de la actividad en clase: 60 minutos

Descripción

Se trata de una actividad competitiva destinada a evaluar la asimilación de contenidos gramaticales al final de un curso o parte de un curso, poniendo el acento en la comprensión de los efectos significativos de las formas y sus valores distintivos en relación, precisamente, con estos efectos.

Para ello se prepara en un papel una lista numerada de enunciados o pequeños diálogos de los cuales la mitad aproximadamente serán perfectamente posibles y la otra mitad contendrán errores que los hacen inviables, todos lógicamente en relación lo más conspicua posible con los problemas tratados a lo largo del curso, cuya asimilación (al menos declarativa) se quiere evaluar.

El número de enunciados es variable, dependiendo del tiempo que se quiera dedicar, la dificultad y el nivel. Para la duración indicada (sesenta minutos) podrían ser unos veinte. Además de esto, se preparan tarjetas de color rojo y verde y se meten en un sobre de diez en diez (cinco rojas y cinco verdes) para cada alumno.

Repartimos los sobres a los estudiantes –que estarán sentados en círculo– y les explicamos el procedimiento.

Lo primero es preguntarles qué diferencia encuentran ellos entre *Margarita* y *Margaret*, a lo que deberían contestar que el primero es un nombre español (o en español) y el segundo extranjero. Entonces anunciamos que vamos a tener cada uno una fotocopia con un número determinado de enunciados y diálogos de los cuales algunos pueden haber sido proferidos por Margarita o Margaret indistintamente (es decir, que no tienen ningún problema para ser perfecta y significativamente entendidos) y otros que, sin embargo, nunca hubiera dicho Margarita y sí una Margaret que todavía no domina muy bien el español (es decir, que presentan un problema gramatical claro).

Aplicaremos la tarjeta verde a aquellos enunciados que no presenten problemas (que puedan ser de Margarita o de Margaret), y la roja a los que sí (que tengan que ser de Margaret).

Pues bien, el juego consiste en que el profesor leerá cada enunciado, dará inmediatamente unos segundos para que cada uno tome su decisión y vaya seleccionando tarjeta roja o verde metiendo la mano dentro del sobre (para que nadie pueda guiarse por su selección) y después, al unísono y a la de tres, todo el mundo sacará la tarjeta seleccionada y la mostrará a la clase. Entonces, el profesor hará una ronda y recogerá de las manos alzadas todas las tarjetas que no hayan acertado a calificar el enunciado en cuestión: si no hay problemas en la frase, se recogen todas las rojas; si los hay, las verdes. Este es el momento propicio para suscitar una rápida discusión en el grupo acerca de dónde y por qué hay un problema o no lo hay en el enunciado objeto, remitiéndonos siempre al contexto en el que tal problema fue estudiado y a las reglas generales que lo rigen: ¡los que han perdido una tarjeta quieren saber por qué!

Aclarado sumariamente el problema o la razón por la que algunos han pensado que había un problema y no lo hay en realidad (o al contrario), pasamos al siguiente enunciado con el mismo procedimiento. Los estudiantes irán perdiendo así tarjetas durante la actividad, y ganará el que al final tenga más tarjetas en su poder.

Es muy importante, dada la dinámica de la actividad, que los enunciados elegidos jueguen con las expectativas y los errores más previsibles del grupo, es decir, que las frases posibles no lo parezcan tanto y las imposibles puedan ser verosímiles para ellos (contamos para esto con nuestro conocimiento del grupo y de sus dificultades más persistentes). De este choque precisamente surge la conciencia de los valores en juego en el uso de las formas. Proporcionamos un ◣ **Ejemplo** para el final de un nivel avanzado, indicando la tarjeta apropiada en cada caso.

Se observará que algunas de las dadas por buenas resultan chocantes o contradictorias con algunas reglas muy extendidas: se necesitará imaginar el contexto y la intención concretas que pueden justificar y dar sentido a su uso.

Comentarios

Repárese en que en la lista del ejemplo se ha practicado una personalización: los nombres de las personas implicadas corresponden a estudiantes del grupo donde estamos haciendo la actividad. Atribuir las ideas contenidas en estas frases y diálogos a personas de la clase aumenta el interés e introduce un punto de desenfado en una actividad que, a todas luces, resulta competitiva y estresante, y que conviene dulcificar haciendo ver a los alumnos que se trata, sobre todo, de recordar y aprender.

Aunque sin duda los alumnos estarán agobiados sobre todo por la conservación de tarjetas, la parte más importante desde el punto de vista didáctico es la discusión del por qué y el dónde de los problemas no encontrados (que delatan un defecto productivo del alumno), o del por qué y el dónde de los problemas encontrados que no lo son (que señalan un defecto de comprensión). En esta parte de la actividad reside no solo la auténtica evaluación (o autoevaluación por parte del alumno), sino los componentes de toma de conciencia acerca del valor de las formas que permiten que de esta aparente evaluación surjan nuevos elementos de aprendizaje y consolidación de lo ya asimilado.

↘ Ejemplo   ¿Margarita o Margaret?

- 1 (roja)

  Es totalmente lógico que Stefan ha dicho eso del profesor.

- 2 (roja)

  ¿Quieres que Sara te ayude con los deberes? Pues solo tienes que preguntárselo, mujer. A ella le encanta explicar cosas.

- 3 (verde)

  Y entonces, justo en este momento, Patrick ha salido del bar.

- 4 (verde)

  El psiquiatra le dijo a Anna que tenga cuidado con las obsesiones.

- 5 (roja)

  —¿Y dónde está Nadra?
  —Ni idea. Estaría en su casa, supongo.

- 6 (verde)

  Ayer estuvimos cantando y bailando hasta las 4 de la madrugada, porque por la mañana no teníamos que levantarnos temprano.

- 7 (verde)

  Yo me tomaba una cerveza contigo, Christopher. Lo que pasa es que no puedo.

- 8 (roja)

  —Cuando termine la película, nos vamos.
  —Sí, pero ¿cuándo termine?

- 9 (verde)

  Si hacemos esto es por y para los andaluces.

- 10 (verde)

  Cuando Stefan le daba un beso, Verónica se enfadó y le pegó en la cara.

- 11 (verde)

—Liz quiere que le deje el vídeo, pero no me fío de ella. A lo mejor me lo rompe.
—No pasa nada. Tú vas a su casa y le llevas el vídeo, veis la película, y luego te vuelves otra vez aquí y te lo traes.

- 12 (roja)

—¡He visto al novio de Jennifer dándole besitos a Verónica!
—¡Madre del Amor Hermoso! ¡Tienes que decírselo a ella!
—¿Qué? Es que acaba de pasar una moto y no me he enterado de nada, hija.
—¡Que tengas que decírselo a ella!

- 13 (verde)

—Me duele un montón aquí.
—Yo en tu lugar, iba al médico.

- 14 (verde)

Me gustaría mucho que hubieras tenido la oportunidad de decírselo a tiempo.

- 15 (roja)

—¿Qué hiciste ayer?
—Pues estaba leyendo un par de horas y después salí a dar una vuelta.

- 16 (verde)

—¿Qué día es mañana?
—Será viernes.

- 17 (roja)

¿Tú eres tonta? ¡Has quemado mi mano con el cigarrillo!

- 18 (roja)

¿Pretendes que soy tu novia, terrible Cristóbal?

- 19 (verde)

— ¿Se ha escapado el tren! ¿Ahora qué hacemos?
— Podíamos irnos en autobús y así no teníamos que esperar al siguiente.

- 20 (verde)

Lo siento. Yo no sabía que tú estás enamorado de Jennifer.

PEPE EL DEL BAR

José Plácido Ruiz Campillo

Clasificación

Apartado: Tratamiento de errores

Destinatarios: Profesores

Tipo de agrupamiento en clase: Variable

Preparación

Tiempo de preparación: Ninguno

Recursos: Transcripciones

Duración de la actividad en clase: Variable

Descripción

A continuación se describe una técnica general de tratamiento de errores, o más bien una actitud ante el propio fenómeno del error que pone el acento en una concepción de la lengua como instrumento de comunicación.

Comenta con los alumnos que cuando un extranjero habla con un nativo, el nativo (salvo excepciones) suele ser comprensivo, hace esfuerzos por entender al extranjero supliendo en lo posible sus carencias de expresión, e incluso trata de facilitar su propia manera de expresarse para resultar más accesible a la comprensión del extranjero (es lo que se llama *foreigner talk*). Y esto es así en proporción directa con el dominio que este no nativo demuestra de la lengua meta: a mayores dificultades exhibidas, mayor atención y esfuerzo del nativo; a mayor domino y fluidez, mayor relajación del nativo. Y así hasta el punto en que un no nativo puede mostrar un dominio casi perfecto de la lengua, momento en el cual la atención y los esfuerzos desaparecen y el nativo interpreta y produce con las mismas reglas que se dan en una conversación entre dos nativos.

Si este es el objetivo de nuestros alumnos (hablar como un nativo), vamos a ir preparándonos para ello: vamos a renunciar a la condescendencia que nos proporciona nuestra condición de hablantes imperfectos y la protección de la microsociedad artificial del aula y vamos a someter todo lo que digamos (o escribamos o escuchemos o leamos) al juicio y la reacción que un hablante nativo tendría con otro nativo.

Para eso está la figura de Pepe el del bar: Pepe el del bar es un hombre impío y cruel: nunca considera que el extranjero puede estar teniendo problemas con lo que dice y siempre lo interpreta todo literalmente. Así, cuando cualquiera de nuestros alumnos comete un error tan típico como el siguiente, un hombre «normal» daría por comprendida su intención, mientras que Pepe el del bar se limitaría a la interpretación exacta de lo dicho. En sus reacciones está la clave:

Alumno: Me voy, porque tengo que encontrar a un amigo.

(en lugar de *he quedado con*)

Respuesta de una persona «normal»: Vale, pues nos vemos mañana.

Respuesta de Pepe el del bar: ¿Qué pasa? ¿Se te ha perdido?

Evidentemente, el profesor no hace lo que una persona «normal»: corrige. Y la corrección puede ser simplemente decir que *encontrar* es incorrecto, que debemos usar *quedar con*, o *ver* en este contexto (con lo cual el alumno tratará de hacer uso de su pura memoria). Pero también el profesor puede corregir mostrando la misma actitud que Pepe el del bar: el desconcierto inicial ante lo que ha dicho el alumno y la comprensión posterior de qué se ha dicho en realidad. Esta otra forma de corregir puede despertar las risas de los alumnos, suponer un choque frontal con el significado y un destello de comprensión (no sólo de admisión) del error. Es lo que podíamos llamar una «corrección significativa», preocupada por mantener siempre unidos forma y significado y que ha sido ya propuesta como medio de despertar la conciencia gramatical del alumno en cada ocasión en que sea posible, por ejemplo:

Alumno: Porque ella tengo mucho miedo...

Reacción correctiva del profesor: Tengo no, tiene.

Reacción significativa: ¿Tú tienes?

(con la consiguiente negociación con el alumno y despertar de su conciencia de lo que ha dicho en realidad)

La pregunta metodológica que debemos hacernos aquí es evidente: ¿Con cuál de los dos tratamientos se podrá hacer al alumno más consciente del error y de su exacta naturaleza y dirección? ¿Con cuál de ellos, por tanto, estará más en disposición de no volver a cometerlo?

Si concebimos la gramática como la mecánica de la comunicación, si creemos que detrás de cada palabra, de cada morfema, se esconde un valor dirigido a establecer significados diferenciales, y si creemos que también en el tratamiento de los aspectos formales el significado y los efectos de comunicación no pueden estar ausentes, entonces podemos incorporar a Pepe el del bar en nuestras clases: recurriremos a él muchas veces para superar la simple evaluación de nuestros errores en términos de corrección y pensar siempre en términos de significado.

De esta forma, quedan prohibidas las palabras *correcto* o *incorrecto*, y en su lugar hablaremos de qué se quiere decir, cómo se quiere decir y si diciendo lo que se ha dicho se obtiene el efecto interpretativo que pretendemos, y por qué sí o no, y dónde exactamente reside el problema formal.

No habrá nada correcto o incorrecto, solo cosas posibles (porque significan algo, como *No le importa lo que los demás piensen de él*) o imposibles (porque no significan nada o porque entorpecen la comunicación, como *No importa a que otros piensan de él*). No habrá formas más correctas que otras, sino opciones que conllevan un cambio en el significado de lo que decimos, incluido el significado social de los registros (*Me dijo que estaba casada* no es más correcto que *Me dijo que está casada*, son simplemente informaciones diferentes; por otra parte, *cansado* no es más correcto que *cansao*, simplemente este último pertenece a la lengua oral).

En definitiva, el terrible Pepe el del bar nos servirá para poner a prueba nuestra producción e interpretación en español, y para concebir nuestra lengua en los mismos términos en que cada estudiante concibe su propia lengua: ni más ni menos que como instrumento de comunicación. Podemos plantear algunos ejemplos de errores comunes y preguntarnos y preguntar a nuestros alumnos: ¿Qué diría Pepe el del bar si escucha esto? (lo que equivale llanamente a decir: ¡demuestra que entiendes español!).

Lo que dice el alumno	Pepe el del bar diría
Yo ayer había venido muy pronto.	¿Antes de qué?
No le gusta duchar mucho.	¿Duchar a quién?
Está llevando un vestido precioso.	¿Adónde lo lleva?
Me llamo Alyssa y tengo un novio.	¿Solo uno?
Mañana es el jueves.	¿Qué jueves?
En Grecia la gente se come mucho.	¿Es que son caníbales o qué?

Cuando el alumno haya comprendido el porqué de la reacción, eso significará que habrá asimilado completamente el valor distintivo de la forma o la estructura objeto de corrección.

Comentarios

Pepe el del bar es, como se ve, un espíritu, una actitud ante el error destinada a mantener siempre abierto en el aula el llamado «modo de comunicación» (frente al «modo de corrección», formalista y desligado del efecto significativo). Ofrece así un espejo donde los errores de los alumnos resultan interpretados según las reglas del lenguaje tal como se da en la realidad, no según reglas gramaticales prescriptivas de alcance limitado, ciegas a ese significado que se quiere y se puede transmitir en cada preferencia y estrechamente ligadas a la resolución de problemas artificiales planteados *ad hoc*.

Este espejo no solo hace consciente al alumno de la responsabilidad que asume por el uso de la lengua, sino que es precisamente en esa conciencia de la responsabilidad que se va despertando con este modo de ver la gramática donde reside la propia conciencia del valor de las formas entre las cuales el alumno debe elegir cuando pretende decir algo. La gramática tiene una lógica precisa destinada a significar, y el alumno debe entender que solo a través de la asunción de sus valores alcanzará la precisión que busca en el uso del español. La misión de Pepe el del bar es precisamente poner de relieve esos valores.

¡QUE TE QUEMAS!

Alicia Clavel Martínez

Clasificación

Apartado: Tratamiento de errores

Destinatarios: Profesores

Tipo de agrupamiento en clase: Grupos pequeños

Preparación

Tiempo de preparación: 30 minutos

Recursos: Ninguno

Duración de la actividad en clase: 30 minutos

Descripción

El profesor recoge, a lo largo de un período de quince días en clase, aquellos errores de sus estudiantes que le hayan resultado más llamativos. Especialmente interesantes pueden resultar aquellos de tipo léxico en los que el estudiante o usa palabras de su lengua *españolizadas* (por ejemplo, *medical* o *máquina de lavar*) o deriva mal (como *trabajero*) o abusa de determinadas expresiones por desconocimiento de otras posibilidades (usar solo el verbo *gustar*, en lugar de otras posibilidades).

Para llevar a cabo esta actividad, el profesor recoge cada error, contextualizado en una frase, en una ficha; después reparte estas fichas a los alumnos, en pequeños grupos.

La mecánica de la actividad consiste en que los estudiantes descubran el error y anoten la forma correcta en sus cuadernos en quince segundos, pues, transcurrido ese tiempo, deben pasar la ficha que se les entregó al grupo siguiente, y así sucesivamente hasta completar el círculo. Resulta divertido proponerles que, pasados esos quince segundos, las fichas con errores «queman las manos» y el cambio de grupo a grupo vaya precedido por un «¡que te quemas!».

Después se ponen las correcciones en común.

Comentarios

Este juego se puede hacer con cualquier tipo de error y su éxito dependerá en buena medida de la habilidad del profesor para disimular los errores en las fichas que propone. Es fundamental que se trate de errores cometidos por los estudiantes que van a «quemarse las manos».

UN CÓDIGO DE CORRECCIÓN PARA UNA TAREA COLABORATIVA

Sheila Estaire

Clasificación

Apartado: Tratamiento de errores

Nivel: B1 Umbral (Intermedio)

Destinatarios: Profesores

Tipo de agrupamiento en clase: Variable

Preparación

Tiempo de preparación: 30 minutos

Recursos: Fichas

Duración de la actividad en clase: 50-60 minutos

Descripción

Los códigos de corrección para trabajos escritos son una técnica útil porque ayudan a los alumnos a reflexionar sobre sus errores. Se necesita un período de familiarización en su uso pero, una vez comprendido, los códigos pueden ser utilizados tanto por el profesor como por los alumnos para autocorrección o co-corrección.

A continuación sugiero una tarea que termina con una actividad de expresión escrita al final de la cual los alumnos utilizarán un código que presento como ejemplo más abajo, en el paso 4. El tema de la tarea es la descripción de una persona, lo cual podría formar parte de una unidad didáctica más amplia que incluya este aspecto.

Pasos de la actividad

1. **Trabajo individual. Fase de planificación para actividad de expresión oral.**

   Cada alumno piensa en una persona que desee describir y en la información que va a incluir en la descripción. A continuación planifica cómo lo va a expresar oralmente.

   Durante los minutos de planificación puede tomar algunas notas o elaborar un pequeño esquema, pero no escribirá la descripción; puede asimismo aclarar dudas con la ayuda de un diccionario, de sus compañeros o del profesor. Los aspectos que se incluirán en la descripción pueden haber sido consensuados en gran grupo anteriormente.

2. **Trabajo simultáneo en parejas. Ejecución de actividad de expresión oral.**

   Esta es una actividad de vacío de información durante la cual un alumno describe oralmente a «su persona» a su compañero. Este toma notas. Seguidamente cambian de papel. Toda la clase trabaja simultáneamente.

3. **Trabajo individual. Actividad de expresión escrita.**

Ahora cada alumno utiliza sus notas para escribir la descripción de la persona que su compañero acaba de describirle oralmente. Una vez escrita, la revisa y le da los retoques finales. Es importante que deje márgenes amplios para los pasos siguientes.

4. **Grupos de 3 alumnos con periodos de trabajo individual. Fase de lectura y utilización del código de corrección.**

Se van formando grupos de tres alumnos, a medida que vayan terminando de escribir y de revisar sus descripciones. En cada grupo, se intercambian sus textos escritos y los leen en silencio. A continuación cada alumno identifica en el texto de uno de sus compañeros algunos errores y otros aspectos que puedan ser mejorados, subrayando la/s palabra/s o la/s frase/s que necesitan corregirse o cambiarse, y utilizando el código de corrección, escribe en el margen el símbolo que corresponda. Esta fase se realiza individualmente, pero se pueden consultar dudas y discutirlas dentro del grupo.

Sugerencias para un código de corrección de textos escritos			
^	Falta algo	**ORT**	Ortografía
x	Sobra algo	**PUNT**	Puntuación
LEX	Léxico	**RO**	Reorganizar
FV	Forma verbal	**DE**	Difícil de entender
CONC	Concordancia	**RE**	Re-escribir
OP	Orden de palabras	**DE+RE**	Difícil de entender, re-escribir

5. **Trabajo de toda la clase. Discusión de algunos errores comunes y su corrección.**

El profesor pide a los alumnos que vayan mencionando los errores más comunes, utilizando los símbolos del código, y un ejemplo del error que han encontrado. Mientras un alumno escribe esto en la pizarra, el profesor pide a la clase que sugiera la versión correcta (o posibles versiones correctas), y también se escribe en la pizarra. Así, paso a paso, se confecciona un cuadro dividido en tres columnas (símbolo del código / ejemplo de error / corrección), que incluya los cuatro, cinco o seis errores más comunes de la clase.

6. **Trabajo individual. Corrección de los textos por sus autores.**

Cada alumno recibe ahora el texto que había escrito en el paso 3 (que tendrá los subrayados y símbolos que ha marcado un compañero) y corrige su texto siguiendo las indicaciones de la pizarra. Puede consultar con sus compañeros, con el profesor o usar cualquier otra fuente de información.

Si faltara tiempo en clase este paso puede hacerse como trabajo en casa.

Se traerán los textos corregidos al día siguiente para ser revisados por el profesor, y utilizados para otra actividad. Por ejemplo, cada alumno enseña su texto al compañero que le describió oralmente a esa persona en el Paso 2 y lo comentan. Pueden incluso surgir modificaciones.

Comentarios

Cada profesor puede elaborar el código que más se corresponda con las características de su grupo. El código, por supuesto, va cambiando a medida que los alumnos progresan. Incluso en ciertos momentos puede concentrarse en unos pocos puntos muy específicos que se hayan estado tratando y a los que se desee prestar especial atención.

Como indiqué al principio, con anterioridad a la realización de una tarea como la descrita, es esencial que el profesor programe cuidadosamente diferentes maneras de ayudar a los alumnos a familiarizarse con el código y a comprender su utilidad.

La estructura de esta tarea se puede utilizar como modelo para secuencias similares relacionadas con temas diferentes y con alumnos de diferentes niveles.

Al poner al alumno ante una situación en la que necesita reflexionar sobre sus errores, el uso de un código fomenta la responsabilidad del alumno frente a su aprendizaje y por lo tanto, ayuda a desarrollar su autonomía como aprendiz. Utilizado como se describe aquí favorece, asimismo, un trabajo en grupo realmente efectivo y fomenta el aprendizaje colaborativo.

Uso de medios, recursos y espacios

CONSULTAS POR ARROBAS

Ane Muñoz Varela

Clasificación

Apartado: Medios y recursos

Nivel: B2 Avanzado (Avanzado)

Destinatarios: Jóvenes y adultos

Tipo de agrupamiento en clase: Parejas

Preparación

Tiempo de preparación: 5 minutos

Recursos: Internet

Duración de la actividad en clase: 20 minutos

Páginas de Internet que hay que visitar:

http://cvc.cervantes.es/foros/foro_esp

www.rae.es/ (Sección de «Consultas lingüísticas»)

www.efe.es/esurgente/lenguaes

Descripción

El profesor fomentará el uso de las páginas para la solución de dudas gramaticales o lingüísticas que se presenten en clase, lo mismo que el uso de los diccionarios de lengua española, como herramienta de aprendizaje de vocabulario. De esta forma se conseguirá un aprendizaje más autónomo por parte del alumno. Para ello dividirá la clase por parejas y a cada uno de ellos entregará una fotocopia de una relación de frases en la que aparecen subrayadas palabras o términos en español o en lengua extranjera.

Los estudiantes, mediante la consulta a las páginas mencionadas, deberán decidir si es correcto o no el uso, por qué y dónde han encontrado la información.

En el caso del **Foro del español** (http://cvc.cervantes.es/foros/foro_esp), quizá tenga que recordarles que deben utilizar la opción «Buscar» que se encuentra en el marco rojo.

Comentarios

El título de la actividad tiene dos significados. En primer lugar, el significado tradicional de la palabra *arroba* en lengua española era una unidad de medida de peso agraria, de forma que se podría interpretar el título como «consultas por kilos», es decir, que se admiten muchas consultas. El significado actual de la palabra *arroba*, hace referencia al símbolo que se utiliza en los correos electrónicos (@) y que quiere indicar que ahora se puede utilizar Internet como método para realizar consultas.

Esta actividad se puede realizar igualmente con los niveles intermedio y superior. Es probable que la mayoría de las consultas se puedan resolver en los tres medios, hemos señalado uno en cada caso. Por parejas debéis determinar si las palabras o términos en cursiva están correctamente utilizados.

- El director ha decidido trasladar la fábrica a una localidad cercana *en base a* criterios económicos.

  Solución: Mal utilizado. Lo correcto sería *basándose en*.
  Consultas: EFE.

- El próximo verano, iré a pasar una semana al norte de *África*.

  Solución: Bien utilizado. Es obligatorio el uso de tildes con las mayúsculas con las mismas reglas que rigen para las minúsculas.
  Consultas: RAE.

- No es bueno que su padre le *de* todo lo que quiere. Al final será un niño consentido.

  Solución: Mal utilizado. El verbo **dar**, en la forma del presente de subjuntivo, tercera persona del singular, debe llevar tilde, para diferenciarlo de la preposición de. Lo correcto sería: **dé**.
  Consultas: RAE.

- En la actualidad, las empresas son conocidas en el mercado por su *saber hacer*.

  Solución: Bien utilizado. Muchas veces leemos en textos en español las formas inglesa **know how** (experiencia, habilidad) o la francesa **savoir faire** (habilidad, mano izquierda, tacto). Siempre es preferible el término en español, pero si queremos hacer una distinción por causa del matiz y queremos utilizar el término en una de las dos lenguas extranjeras, siempre debe ir entre comillas o en cursiva.
  Consultas: EFE.

- Todavía no entiendo el *porqué* de su decisión.

  Solución: Bien utilizado. De esta forma se diferencia de la conjunción causal o final **porque**, de la forma interrogativa **por qué** y de la forma de locución preposición **por + oración subordinada**, normalmente con verbos que rigen esta preposición.
  Consultas: RAE.

- En *USA* cada vez es más frecuente el uso de la lengua española.

  Solución: Mal utilizado. En español se debe utilizar la denominación de Estados Unidos o las siglas EE.UU. y no la denominación en inglés. Lo correcto sería utilizar *EE.UU.*
  Consultas: EFE.

- Cada vez es más frecuente el uso del *E-mail* como forma de comunicación empresarial.

  Solución: Mal utilizado. Se debe utilizar la traducción en español de *correo electrónico,* o en su defecto la abreviatura *Correo-E.*
  Consultas: EFE.

- *Un* ave que me gusta especialmente es *el* águila. *Ésta* es un animal elegante y justo. Los reportajes audiovisuales sobre *las águilas* son de mis programas favoritos.

  Solución: Bien utilizado. Los sustantivos femeninos que comienzan por a- tónica, es decir, que fuerza de la palabra recae en esa vocal (por ejemplo **águila** o **alma**), deben ser antecedidos por **un** o **el** en singular. En plural se debe utilizar el artículo **las** y con otros determinantes como esta, se debe usar la forma correspondiente del femenino.
  Consultas: RAE.

EN BUSCA DEL TESORO

Marta Salgado García

Clasificación

Apartado: Medios y recursos

Destinatarios: Jóvenes y adultos

Tipo de agrupamiento en clase: Variable

Preparación

Tiempo de preparación: 20 minutos

Recursos: Internet

Duración de la actividad en clase: 60 minutos

Páginas de Internet recomendadas:

http://cvc.cervantes.es/aula/pasatiempos

www.hotpot.uvic.ca

www.latincards.com

www.burundis.com/tarnetas

www.fundamind.org.ar/postales.htm

www.iflowers.com/vir/vir_gallery.htm

Descripción

Una de las actividades que aprovechan mejor las ventajas del hipertexto es la de la búsqueda de un tesoro en Internet. A continuación, especificamos algunos pasos que se deben seguir para garantizar la realización de una buena actividad, para mantener el interés de los alumnos y para evitar que se pierdan navegando en la red.

En primer lugar hay que pensar en un área temática o funcional que queramos repasar con nuestros alumnos, que justifique la realización de este juego en Internet y que dé coherencia a las visitas que hagamos. También hay que pensar en un tesoro o enigma que tendrán que resolver nuestros alumnos y en las pistas que daremos para ayudarles.

Después el profesor tiene que crear una página en Internet, a modo de índice, desde la cual los alumnos empezarán la búsqueda del tesoro. (Se puede realizar con un programa de tratamiento de textos como *Word* o *Word Perfect* o con alguno de los programas de edición en HTML).

El profesor redacta esta página y añade cierto misterio a la búsqueda. Les pedirá que visiten una serie de enlaces y que encuentren la información requerida sobre cada página, para poder avanzar en la búsqueda del tesoro. El alumno que primero consiga todas las pistas, encontrará el tesoro virtual, que puede ser una postal electrónica, un ramo de flores o la visita —siempre virtual— a algún paraje exótico que haya buscado previamente el profesor.

Son muchas las pruebas que puede pedir el profesor. Enumeramos algunas de las múltiples posibilidades que existen:

- Solucionar varios ejercicios interactivos que estén relacionados con el tema que queremos repasar. Por ejemplo, podrían visitar los pasatiempos de **Rayuela** en http://cvc.cervantes.es/aula/pasatiempos, que están clasificados por niveles, contenidos y tipo de ejercicios. Cuando superen estas pruebas, podrán ir al paso siguiente.

- Responder a una serie de pistas para que descubran un dato (una forma podría ser la expuesta en la actividad de este monográfico **«Diez indicios para un enigma»**. También se les puede pedir que relacionen tres informaciones clave que aparecen en distintas páginas. Por ejemplo, si el enigma que tienen que resolver es «la Giralda», seleccionamos una página con monumentos, otra sobre Sevilla y otra sobre catedrales e iglesias para que el alumno saque la conclusión de que tiene que buscar una catedral o iglesia en esa ciudad española. Después le damos algunas pistas para que descarte todas las ciudades excepto la que hayamos elegido (por ejemplo, damos la dirección de un mapa de España y les damos pistas: no está en el norte de España, no está en la costa, etc.).

Comentarios

Hay páginas en Internet que ofrecen programas de autor gratuitos para crear crucigramas, sopas de letras, ejercicios de elección múltiple, etc. que pueden ser algunas de las pruebas que tengan que superar para avanzar hacia el tesoro. *Hot pototoes* es uno de ellos, y se encuentra en www.hotpot.uvic.ca (en inglés).

Para los regalos virtuales, puede optarse por el envío de postales en español (www.latincards.com , www.burundis.com/tarnetas o www.fundamind.org.ar/postales.htm), de flores virtuales (www.iflowers.com/vir/vir_gallery.html), o bien se puede elegir un regalo en alguna tienda virtual y enviar su imagen por correo electrónico.

GUÍA PARA USAR INTERNET EN CLASE

Jimena Fernández Pinto

Clasificación

Apartado: Medios y recursos

Destinatarios: Profesores

Tipo de agrupamiento en clase: Variable

Preparación

Tiempo de preparación: Variable

Recursos: Internet

Duración de la actividad en clase: Variable

Descripción

A continuación propongo algunas sugerencias prácticas para tener en cuenta a la hora de planificar una actividad usando Internet.

- Puede utilizarse la imagen, la palabra o la combinación de ambas.

- Las visitas a Internet pueden ser libres (cada usuario decide lo que consulta) o controladas (se indica una dirección, un sitio o una página desde la cual se articula la tarea).

- Conviene realizar un intercambio de información y evitar las actividades que tengan carácter únicamente pasivo. Para ello, es aconsejable emparejar una destreza productiva y otra receptiva.

- Es imprescindible marcar los objetivos muy claramente y mostrarlos siempre para que el alumno sepa qué debe obtener de cada visita a Internet.

- Como haríamos al diseñar cualquier actividad, pero especialmente en este contexto en el que navegar por Internet puede provocar dispersión por parte de los alumnos, es decisivo establecer criterios bien sea de tiempo, de contenido o de búsqueda.

- Es conveniente compartir los resultados en una puesta en común; de esta forma se produce un intercambio comunicativo y se potencia la expresión oral.

- Puede usarse en cualquier etapa de la clase (presentación, práctica con y sin apoyo).

- Funciona como elemento importante en la dinámica de grupos. Facilita notablemente la cohesión del grupo y la integración de todos sus participantes. Algunos ejemplos que lo demuestran son actividades en las que tienen que conocer la ciudad de sus compañeros, buscar un regalo en la red para su compañero (por supuesto habrán averiguado sus gustos antes), buscar en la red algo para sorprender a sus compañeros, etc.

- Las actividades deberán estar centradas en el alumno y el papel del profesor será el de guía.

- Se puede utilizar Internet como una ayuda para la resolución de problemas. Cuando hablamos de resolución de problemas nos referimos a la dinámica de la metodología *Problem Solving* que es la base del tratamiento de la información. Todo puede ser una necesidad o un problema para resolver: desde un punto de gramática, hasta un restaurante que quiero para esta noche. Hay una teoría didáctica que abstrae y articula todas estas prácticas con la información en nuestro mundo global y en nuestra sociedad de la información.

- El estudiante parte de su propia experiencia como navegante. Internet permite el constructivismo en casi todas sus facetas, de ahí el gran empuje que ha tomado esta teoría recientemente con la evidencia que la red arroja.

  Se trabaja de modo colaborativo. Las actividades en la red no deben jamás alentar el uso solitario. Internet es información que se comunica y esa información hay que contrastarla siempre con otro. Si diseñas una actividad que no permite el intercambio de opinión o información significa que estás usando Internet como un fin y no como un medio de conocimiento, que es lo que le da el valor que tiene en nuestra sociedad de la información y del aprendizaje.

- Las actividades que utilizan Internet no suelen exigir respuestas correctas y cerradas. Es mejor que propongas actividades en las que haya lugar para diferentes opiniones a menos que sea algo muy concreto (si se trata de un ejercicio de verbos, por ejemplo).

- Hay que tener en cuenta que siempre se producirá un intercambio multicultural, no se trata de una teoría que a veces se aplica y otras no. No podemos centrar las actividades en obtener información sobre España si a la vez no facilitamos la comprensión cultural de dicho material.

Comentarios

Recuerda que Internet es solamente una herramienta y que el éxito de una actividad depende del uso que hagas de ella.

IMAGEN POR TODAS PARTES

Conchi Rodrigo Somolinos

Clasificación

Apartado: Medios y recursos

Destinatarios: Profesores

Tipo de agrupamiento en clase: Toda la clase

Preparación

Tiempo de preparación: 10 minutos

Recursos: Imágenes

Duración de la actividad en clase: 5 minutos

Descripción

A continuación se presenta una serie de dinámicas para realizar actividades de sensibilización a partir de fotografías.

Selecciona una fotografía que te sirva para presentar una actividad o un contenido que quieras abordar en la clase. En lugar de mostrársela directamente a los alumnos, para captar más su atención, puedes utilizar alguna de las siguientes técnicas:

- Con un papel cubre la fotografía elegida y ve descubriendo poco a poco distintas partes de la imagen, mientras vas preguntando a tus alumnos qué ven en ella y cuál creen que es la escena completa que esconde. Puede tratarse de una fotografía de una ciudad que los estudiantes conozcan, de una fotografía de ellos mismos en la clase, de otra clase de español, etc.

- Cubre la fotografía seleccionada con un papel del que previamente hayas recortado una parte (por ejemplo, un círculo de tres o cuatro cm de diámetro). Ve moviendo el papel y mostrando las distintas partes de la fotografía hasta que los alumnos descubran cuál es la imagen que está escondida.

- Tapa la fotografía con la que quieras trabajar con una cartulina en la que previamente hayas hecho unas ventanitas numeradas del uno al diez. Para ello, solo tienes que dibujar diez cuadrados sobre la cartulina, asignarles a cada uno un número y después recortar solo tres de sus lados, de modo que cada uno de los recuadros se pueda levantar para ver qué hay debajo y qué esconde la fotografía en esa sección concreta. Se trata de que, cuando los alumnos digan un número del uno al diez, tú levantes la ventanita correspondiente y ellos puedan ver esa parte de la fotografía. Así, hasta que descubran qué hay en la imagen. Puedes elegir una imagen de un coche, una moto, una taza, etc.

- Sujeta la fotografía que quieras presentar a tus alumnos con las dos manos, y enséñasela, de manera que la parte superior de la imagen se encuentre en la parte inferior y a la inversa. Con la fotografía a la altura de tu cabeza, juega con ella y gírala 360° con el fin de que los estudiantes la vean durante uno o dos segundos. Repite esta operación —lo puedes hacer a un ritmo más lento, acercándote más a los alumnos— hasta que, entre todos, descubran qué hay en la fotografía. Puedes ayudarlos haciéndoles preguntas como: «¿Es un hombre o una mujer?», «¿Lleva algo en la cabeza?», «¿Qué hay detrás de las personas que aparecen?», etc.

Comentarios

Todas las dinámicas propuestas se pueden llevar a cabo en grupos de distintos niveles de español.

Es muy importante hacer una buena selección de fotografías y, al hacerla, pensar en la técnica que vamos a utilizar para mostrar esa imagen a la clase.

Se trata de una actividad adaptada de Wright, A.: *Pictures for Language Learning*, Cambridge University Press, Cambridge, 1989.

LA SEMANA EN IMÁGENES

Rafael Mellado Jurado

Clasificación

Apartado: Medios y recursos

Nivel: B1 Umbral (Intermedio)

Destinatarios: Jóvenes y adultos

Tipo de agrupamiento en clase: Parejas

Preparación

Tiempo de preparación: 15 minutos

Recursos: Internet

Duración de la actividad en clase: 30 minutos

Páginas de Internet recomendadas:

www.elmundo.es/fotografia/semana.html

www.plus.es/codigo/noticias/informativo_enlared.asp

Descripción

La actividad aquí descrita propone aprovechar los recursos fotográficos de Internet que ilustran noticias para jugar con la actualidad formulando hipótesis sobre ellas y poniendo a prueba el nivel de información de nuestros alumnos.

¿Cuántas veces habremos lamentado los profesores la falta de información o cuando menos de rigor de determinados temas socioculturales de actualidad no ya solo en nuestro país sino en el mundo? ¿Cómo solventar esto? ¿Cómo motivar al alumno para que, durante su estancia en nuestro país o durante el curso se mantenga informado y hacer que esto redunde en una mayor participación en discusiones y conversaciones? Para ello, y sin hacer de este propósito una tarea pesada y frustrante, sugiero una actividad que cubre dicho objetivo al tiempo que estimula al estudiante a usar su información, imaginación, suerte y conocimiento del mundo.

Recorta seis o siete fotografías y los titulares correspondientes de periódicos y de revistas de la semana anterior. Pégalos en cartulinas del mismo tamaño (una para cada titular y otra para cada imagen) y colócalas todas boca abajo sobre una mesa, o en una pared de la clase o en la pizarra de manera que todos los alumnos puedan trabajar. Los alumnos tendrán que ir levantando las cartulinas (sólo podrán tener una levantada cada vez) y de esta manera ir relacionando titulares y fotografías. Cuando un alumno acierta y consigue agrupar la imagen y el texto correspondiente, estas dos cartulinas, se retiran. El juego finaliza cuando se han hecho todos los emparejamientos.

Pasos de la actividad

1. Preparación de la actividad: En la página de Internet de *El Mundo* (www.elmundo.es) se puede encontrar un buen archivo fotográfico que resume en imágenes las noticias del día y, para nuestro propósito, las noticias de la semana. Desde la página principal de *El Mundo*, se accede al «Álbum» (www.elmundo.es/album), y desde allí a «La semana en imágenes» (www.elmundo.es/fotografia/semana.html). Esta sección ofrece nueve fragmentos de fotografías de acontecimientos y noticias relevantes de la semana anterior. Solo aparecen los fragmentos, sin más. Para saber a qué noticia se refieren las imágenes hay que pulsar sobre ellas, y entonces al hacerlo se abre una ventana en la que aparece la fotografía completa con una breve noticia.

Familiarízate con las fotografías antes de realizar la actividad en el aula. Estúdialas y consulta la información que ofrecen cuando pulsas sobre ellas. Al tratarse en algunos casos de información internacional, procura saber de qué trata cada una.

2. La actividad se desarrolla, por supuesto, en la sala multimedia. Organiza a los estudiantes en parejas, de manera que trabajen dos alumnos por ordenador. Escribe en la pizarra la dirección a la que se tienen que conectar y diles que estudien las nueve fotografías que aparecen en ella. Adviérteles de que en este momento no pueden pinchar sobre estas imágenes porque todavía no pueden descubrir las noticias a que corresponden. Explícales que tienen diez minutos para adivinar a qué se refieren estas fotografías. Al tratarse de imágenes relativas a noticias pasadas, habrán de recurrir al uso de pretérito indefinido para relatar los acontecimientos ocurridos. Una vez que hayan hecho sus hipótesis, las pondrán en común con el resto de las parejas. Si ves que los alumnos «andan muy perdidos», intenta guiarles y al final de cada hipótesis, desvela la incógnita pidiéndoles que pulsen sobre cada imagen.

3. Los estudiantes leerán cada noticia y se comentará después su contenido en una puesta en común. Dichas noticias son breves y no demasiado complicadas en cuanto a su estructura, por lo que no les será excesivamente difícil comprenderlas.

4. La actividad se puede extender durante unos días proponiendo a los alumnos que ellos mismos seleccionen las fotografías de actualidad de esa semana y que hagan un *collage* similar para presentarlo a la clase. Incluso después podrían compararlo con el que presentará el periódico *El Mundo* en su edición electrónica de la semana siguiente.

Comentarios

Se puede hacer una competición entre las parejas con el número de fotografías acertadas. También, como cada imagen y noticia trata de un tema en cuestión, se puede pedir a los alumnos que localicen el léxico referido a cada tema. Esto les ayudará a establecer relaciones entre el léxico que aparece en la noticia.

Si dispones de los medios adecuados, propón a los alumnos que vean los informativos de Canal Plus en la red (www.plus.es/codigo/noticias/informativo_enlared.asp) para ampliar la información de alguna de las noticias que han leído y que gozan de actualidad y de seguimiento informativo.

¡MIRA LA FOTO!... ¡YA NO MIRES!

Conchi Rodrigo Somolinos

Clasificación

Apartado: Medios y recursos

Nivel: A2 Plataforma (Inicial)

Destinatarios: Niños

Tipo de agrupamiento en clase: Grupos de 3 ó 4 personas

Preparación

Tiempo de preparación: 10 minutos

Recursos: Imágenes

Duración de la actividad en clase: 15 minutos

Descripción

Pide a tus alumnos que se acerquen a ti y muéstrales una fotografía durante veinte segundos. Pídeles que la observen con atención porque después vas a hacerles algunas preguntas sobre ella. Finalizado el tiempo marcado, lee dos afirmaciones referidas a la fotografía —que previamente habrás escrito en un papel— y pídeles que, en grupos de tres o cuatro personas, se pronuncien sobre la verdad o la falsedad de esas afirmaciones.

Después muéstrales otra vez la fotografía durante otros veinte segundos, para que sean ahora ellos, en los mismos grupos que antes, los que escriban distintas afirmaciones sobre la imagen y así se pueda repetir la dinámica. En este caso serán los otros grupos quienes tengan que señalar si la afirmación en cuestión es verdadera o falsa. Gana el grupo que consiga más aciertos.

Comentarios

La actividad se puede realizar con grupos de otros niveles.

Al elegir la fotografía, el profesor debe tener en cuenta el tamaño —que sea grande para que se vea bien— y que sea una imagen que «dé juego» para realizar la actividad: que en ella aparezcan muchas personas, que tenga colores distintos, que en ella se incluyan distintos objetos, que refleje un tema que interese a la clase o con el que van a trabajar a continuación, etc.

Es una actividad adaptada de Wright, A.: *1000 Pictures for Teachers to Copy*, Nelson, Londres, 1984; y Wright, A.: *Pictures for Language Learning*, Cambridge University Press, Cambridge, 1989.

MUCHAS MANOS Y UN ORDENADOR

Clasificación

Apartado: Medios y recursos

Nivel: B1 Umbral (Intermedio)

Destinatarios: Jóvenes y adultos

Tipo de agrupamiento en clase: Grupos de 3 ó 4 personas y toda la clase

Preparación

Tiempo de preparación: Ninguno

Recursos: Internet

Duración de la actividad en clase: 20 minutos

Páginas de Internet recomendadas:

www.yahoo.com

www.metacrawler.com

www.altavista.com

Descripción

En clase muchas veces nos encontramos con la situación de que tenemos un solo ordenador conectado a Internet. Y esta limitación de recursos no debe convertirse en una excusa o impedimento para diseñar y realizar actividades que lleven a los alumnos a investigar en la red. La actividad que proponemos es un buen ejemplo de ello y suele dar muy buenos resultados.

Organiza la clase en cinco grandes grupos. Explica que el trabajo que va a realizar cada equipo va a ser diferente y que va a incidir en el resultado final de todo el proceso. Asigna a cada grupo su consigna de trabajo. Explícales que todos van a trabajar localizando información en Internet a partir de los recursos que ofrece el buscador que ellos seleccionen. Antes de explicar detenidamente en qué consiste la actividad, reparte las tareas que va a realizar cada grupo:

- **Grupo 1:** Debe dar ideas y comprobar que estas se lleven a cabo.

- **Grupo 2:** Su papel es el de recoger ideas y llevarlas a la práctica.

- **Grupo 3:** Tiene que evaluar la puesta en marcha.

- **Grupo 4:** Es el encargado de recoger la evaluación.

- **Grupo 5:** Su actividad consiste en comprobar todo el proceso.

Explica después los pasos exactos que tienen que seguir para la realización de la actividad:

- **Grupo 1:** Tiene que decidir las premisas de búsqueda para saber qué se puede hacer en un fin de semana por la zona de Valladolid. Sus premisas de búsqueda serán:
Valladolid; Valladolid + turismo; Valladolid + viajar; Valladolid + información + turismo, etc.
Entre todos se ponen de acuerdo para elegir el criterio que crean más oportuno y después comunican su decisión al grupo 2.

- **Grupo 2:** Tiene poder de decisión. Puede discutir con el grupo 1 y elegir al final otro criterio de búsqueda. Son ellos los que deberán escribir esa información en la ventana de búsqueda del buscador.

- **Grupo 3:** Observa los resultados y elige las direcciones ofrecidas por el buscador y que considera que sirven para la tarea. Comunica sus resultados al grupo 4.

- **Grupo 4:** Toma notas del proceso que han seguido los otros grupos y puede discutirlo con el grupo 3. Al final escribe un breve informe de evaluación, teniendo en cuenta que el contenido del mismo será de su responsabilidad.

- **Grupo 5:** Recoge todo lo anterior, visita el sitio y lo describe a los demás.

Es importante que durante la realización de la actividad, los grupos se encuentren en diferentes zonas de la clase. Se debe trabajar con dos plantillas, la ⊾ **Plantilla 1** para la tarea y la ⊾ **Plantilla 2** para los grupos para ir haciendo anotaciones durante el desarrollo de la actividad. La plantilla de la tarea se distribuye entre todos los alumnos de la clase y la de los grupos se coloca en una de las paredes del aula. Los grupos trabajan, bien tomando nota de lo que hacen los demás y escribiéndolo en la plantilla de la tarea, o bien trabajando sobre sus criterios y escribiéndolos sobre la plantilla del grupo.

⊾ Plantilla 1

	Conclusiones
Grupo 1	
Grupo 2	
Grupo 3	
Grupo 4	
Grupo 5	

⊾ Plantilla 2

Grupo: ....

Criterios	Resultados	Evaluación

OPERADORES BOOLEANOS

José Vicente Meneu Montoro

Clasificación

Apartado: Medios y recursos

Destinatarios: Profesores

Tipo de agrupamiento en clase: Individual

Preparación

Tiempo de preparación: Ninguno

Recursos: Diccionarios, obras de consulta e Internet

Duración de la actividad en clase: 15 minutos

Páginas de Internet recomendadas:

http://cvc.cervantes.es/aula/didactired/anteriores/agosto_00/18082000.htm

http://cvc.cervantes.es/aula/didactired/anteriores/septiembre_00/01092000.htm

Descripción

Los buscadores son herramientas imprescindibles cuando queremos hallar información en Internet. Como se analiza en las actividades «Busca y encuentra en Internet I» y «Busca y encuentra en Internet II», tenemos la posibilidad de utilizar buscadores generales, temáticos o multibuscadores. Sin embargo, en todos ellos nos encontramos, generalmente, con el mismo problema: la enorme cantidad de resultados que ofrecen. Este comportamiento en lugar de facilitar nuestra labor puede llegar a dificultarla, puesto que nos vemos obligados a revisar una inmensa cantidad de páginas y a filtrar las que no son de nuestro interés.

Afortunadamente, existe un procedimiento que mejora sustancialmente los procesos de búsqueda: el uso de operadores booleanos u operadores lógicos.

Aunque los distintos buscadores suelen emplear los mismos signos o palabras para efectuar búsquedas aplicando operadores lógicos es recomendable revisar la sección de ayuda de cada buscador para asegurarnos de que estamos utilizando los adecuados. En todos los buscadores aparece una sección titulada: «Ayuda» o «Búsqueda avanzada» que nos permitirá conocer las especificaciones particulares de sus opciones de filtrado en las búsquedas.

Los operadores más utilizados son:

Operador	Expresión	Símbolo
Todas las palabras necesariamente	AND	&
Al menos una de las palabras	OR	||
Exceptuar una palabra	NOT	!

Además de los operadores anteriores también podemos utilizar el entrecomillado —que nos permite buscar frases exactas— y los paréntesis —para agrupar opciones y mejorar las búsquedas—. También son útiles los comodines. El asterico (*) lo emplearemos para buscar cualquier término a partir de una cadena fija, pero dejando abiertas posibles derivaciones. La interrogación sirve para buscar palabras cuya grafía desconocemos.

Ejemplos:

literatura AND española nos permite buscar páginas en las que deben aparecer obligatoriamente las dos palabras.

literatura OR española nos dará como resultado páginas que contengan alguna de las dos palabras.

literatura AND NOT española mostrará páginas con la palabra *literatura,* pero que no contengan la palabra *española.*

"literatura española" ofrecerá como resultado páginas en las que las dos palabras estarán escritas una tras la otra.

(literatura AND española) NOT clasica nos dará páginas de literatura española que no contengan la palabra *clásica.*

litera* buscará páginas con las palabras *literatura, literato, literal...*

española obviará la *ñ* en la búsqueda y mostrará páginas en las que se haya usado *n, ny, nh.*

Advertencias

Las búsquedas debemos efectuarlas escribiendo las palabras en minúsculas y sin usar acentos, de esta forma solicitamos todas las palabras, ya estén en mayúsculas, minúsculas y lleven o no lleven acento en las páginas.

Debemos procurar usar los términos más específicos posibles. Si pretendemos encontrar páginas sobre literatura española del Siglo de Oro será mejor usar la expresión *"siglo de oro"* que *"literatura española".*

La búsqueda por expresiones exactas, usando las comillas, es la que suele dar mejores resultados.

Como práctica con los alumnos se puede realizar el siguiente ejercicio: se pretende determinar qué buscador ofrece resultados más limpios.

Elegimos uno de los buscadores que se analizan en la actividad «Busca y encuentra en Internet (I)».

Después pedimos que obtengan información sobre la Generación del 27 y, por último formulamos las siguientes preguntas a los alumnos:

- ¿En qué buscador se encuentra con mayor facilidad una página que me ofrezca información sobre..., utilizando operadores lógicos?

- ¿Qué palabras clave han dado mejores resultados?

- ¿Qué operadores me han parecido más adecuados?

RECUERDA LO QUE ACABAS DE VER

Susana Gómez Sánchez

Clasificación

Apartado: Medios y recursos

Destinatarios: Profesores

Tipo de agrupamiento en clase: Parejas

Preparación

Tiempo de preparación: Ninguno

Recursos: Imágenes

Duración de la actividad en clase: 10 minutos

Página de Internet recomendada:
http://cvc.cervantes.es/aula/matdid/vocabulario/alimentos/ej0/nevera.htm

Descripción

Proponemos una breve actividad para introducir un tema en clase: por ejemplo, el de la comida.

Lleva a clase una fotografía (de una revista o un catálogo) en la que haya objetos que pertenezcan a un mismo campo semántico. En este caso hemos elegido la ilustración de una nevera abierta llena de comida, a partir de la cual se trabajaría el léxico relativo a los alimentos (hay una similar en http://cvc.cervantes.es/aula/matdid/vocabulario/alimentos/ej0/nevera.htm). Recórtala y pégala en una cartulina para poder manejarla con facilidad.

Pon la fotografía frente a ti y dale la vuelta durante uno o dos segundos para que los estudiantes la vean. Vuelve a darle la vuelta mientras escriben todos los nombres de las cosas que pueden recordar que han visto. Repite el mismo paso tres o cuatro veces.

En parejas leen todas las palabras a su compañero para comparar los resultados y poder ampliar su lista. Para comprobar, enseña la fotografía.

Comentarios

Con esta técnica se puede repasar o introducir vocabulario de muchos temas: comida, muebles, electrodomésticos, transportes, etc. y evitamos que sea siempre el profesor el que presenta el léxico nuevo.

Asegúrate de que la fotografía es lo suficientemente clara y grande como para poder ser vista por todos a la vez.

Técnica adaptada de Ur, P. and Wright, A.: *Five-minute Activities: A Resource Book of Short Activities*, Cambridge University Press, Cambridge, 1992.

SOMBRAS CHINAS

Pilar García García

Clasificación

Apartado: Medios y recursos

Destinatarios: Profesores

Tipo de agrupamiento en clase: 2 grupos

Preparación

Tiempo de preparación: 5 minutos

Recursos: Transparencias

Duración de la actividad en clase: 20 minutos

Descripción

A continuación se presenta una actividad que puede darnos algunas sugerencias para el uso del retroproyector en la clase de español.

Selecciona una serie de objetos pequeños que puedas colocar en la pantalla del retroproyector: monedas de diferentes tamaños, un peine, una chapa, un abrelatas, una llave, un borrador, etc. Escribe en una lista el nombre de los objetos que hayas seleccionado, pero alterando el orden de sus letras. Por ejemplo:

- **V A L L E**
  (llave)

- **R A B R O D O R**
  (borrador)

Coloca uno de los objetos en el retroproyector y pide a tus alumnos que lo identifiquen y busquen la palabra correspondiente en la lista que antes les has entregado. A continuación, pídeles que ordenen las letras y escriban esa palabra en la misma lista.

Organiza la clase en dos grupos. Cada uno ha de elegir cinco objetos y preparar la lista correspondiente para que el otro equipo los identifique.

Comentarios

¿Se puede hacer una historia con los objetos que hemos empleado? Inténtalo.

El retroproyector tiene la cualidad de jugar con la imagen proyectada y permitir interpretaciones diversas a partir de nuestra imaginación. Por ejemplo: una moneda puede ser una luna llena, un agujero negro del espacio, una mancha en la pared, etc.

TEXTO BUSCA FOTO

Susana Llorián González

Clasificación

Apartado: Medios y recursos

Destinatarios: Jóvenes y adultos

Tipo de agrupamiento en clase: Individual, parejas y toda la clase

Preparación

Tiempo de preparación: 5 minutos

Recursos: Imágenes

Duración de la actividad en clase: 25 minutos

Descripción

Esta técnica obliga a los alumnos a interpretar un escrito de un compañero, por medio de fotografías, y, gracias a ellas, el autor puede comprobar si se ha entendido la idea que quería transmitir.

Entrégales a cada uno de tus alumnos un papel e indícales que describan en un breve texto anónimo a su chico/a ideal, casa ideal, ciudad, coche, etc. (en función del contenido que desees practicar). Si tienes un poco más de tiempo, puedes dar al papel un formato de ficha para rellenar y decirles que pertenece a una agencia matrimonial, de viajes, inmobiliaria, etc.

Coloca las revistas o las fotografías en un montón, en una mesa o en el suelo, en el centro de la clase. Recoge los textos cuando hayan terminado y redistribúyelos. Asegúrate de que no les haya tocado el suyo, ni el del compañero que tienen sentado al lado. Haz rápidamente los cambios oportunos. Deja un poco de tiempo para que corrijan, si consideran que hay errores. Atiende sus dudas. Dales las instrucciones para que busquen una fotografía que se adapte con la mayor exactitud posible a la descripción del texto. Si has utilizado revistas viejas, es mejor que peguen las fotografías en un papel. Puedes aportar lápices o rotuladores de colores para que, si quieren, modifiquen la fotografía.

Si tienes una pizarra grande y el grupo es pequeño, divídela en dos partes. En caso contrario, utiliza las paredes de tu aula. Con ayuda de los alumnos, coloca los textos en una parte y las fotografías en otra. Los alumnos deberán emparejar las fotografías con los textos.

Al final, el texto, acompañado de la fotografía que se le haya asignado, vuelve a su propietario y se hace una puesta en común con los pares realizados. El autor del texto dará su opinión sobre la fotografía que le han buscado. Es el momento de tener en cuenta las cuestiones que surgen a raíz de la actividad. Los errores de comprensión o producción, por ejemplo de género, en el caso de la descripción de personas quedan evidenciados en las correcciones del texto, o en la propia fotografía.

BOCADILLOS

Elena Landone
Gabriela Arribas Esteras

Clasificación

Apartado: Paredes

Destinatarios: Profesores

Tipo de agrupamiento en clase: Individual

Preparación

Tiempo de preparación: 20 minutos

Recursos: Imágenes

Duración de la actividad en clase: 30 minutos repartidos en varias sesiones

Descripción

Esta técnica consiste en aprovechar las paredes del aula para que los estudiantes escriban en ellas durante los ratos perdidos de una clase.

Previamente, el profesor recortará de revistas y periódicos imágenes curiosas o significativas que puedan estimular alguna reflexión (incluso irónica) de los estudiantes. Es aconsejable elegir imágenes de personas o de acontecimientos públicos y actuales, tantas como estudiantes tengamos en clase y además una que el profesor usará como ejemplo.

Todas estas imágenes irán pegadas sobre una cartulina y dejaremos mucho espacio entre ellas para que el profesor dibuje un bocadillo en blanco, como el que suele aparecer en los tebeos. El profesor, como ejemplo, llena un bocadillo antes de pegar el papel en la pared o en la puerta de la clase.

Los estudiantes tendrán ahora que ingeniárselas para rellenar los bocadillos con comentarios, exclamaciones, expresiones, frases irónicas, etc., a lo largo de la semana, cada uno cuando quiera. Lo importante es que cada estudiante haga únicamente un bocadillo.

Se puede hacer una puesta en común al final de la semana y una corrección de los errores, si los alumnos lo desean.

Comentarios

Otra variante es utilizar esta técnica para repasar un contenido gramatical o funcional que se haya visto en clase. Por ejemplo, podemos exigir que los bocadillos contengan solamente expresiones de sentimiento, o estructuras como: *Quiero…*, *Tengo que…*, o exclamaciones con *¡Vaya!*, *¡Qué…!*, *¡Ojalá…!*, etc. Por esta razón, la actividad es perfectamente adaptable a diferentes niveles.

DILO EN ESPAÑOL: MIRA EL CARTEL

Sheila Estaire

Clasificación

Apartado: Paredes

Destinatarios: Jóvenes y adultos

Tipo de agrupamiento en clase: Varios

Preparación

Tiempo de preparación: Variable

Recursos: Otros (cartas, bingo, otros juegos, etc.)

Duración de la actividad en clase: 10 minutos en varias sesiones

Descripción

Un uso de las paredes del aula que produce buenos resultados pedagógicos es tener colocados diferentes carteles con expresiones *de aula* que consideremos conveniente que los alumnos utilicen sistemáticamente en clase. Me refiero a expresiones generales tales como:

¿Cómo se dice .... en español?

¿Cómo se escribe ....?

¿Qué significa ....?

¿................ es con *h*?

¿................ es con *g* o con *j*?

No comprendo.

¿Me puedes ayudar?

¿Lo puedes repetir?

¿Lo puedes escribir en la pizarra?

¿Dónde está eso?

O a expresiones referidas a tareas realizadas en grupo, como por ejemplo:

> ¿Quién empieza?
>
> ¿Cómo empezamos?
>
> ¿Cómo lo organizamos?
>
> ¿A quién le toca?
>
> Ahora me toca a mí. / Ahora te toca a ti.
>
> Ahora pregunto yo. / Ahora preguntas tú.
>
> ¿Cuánto tiempo tenemos?
>
> Nos queda poco tiempo. Tenemos que darnos prisa.
>
> Tenemos que terminar.
>
> ¿Lo tenemos que entregar?

Es evidente que las expresiones que aparezcan en las paredes de un aula determinada variarán según nivel, edad, tipo de trabajo que se realice normalmente, etc. Algunas las puede determinar el profesor basándose en su experiencia, otras las puede ir agregando como resultado de su observación de los alumnos y de las expresiones que usan con frecuencia en su lengua materna, otras pueden estar sugeridas en el manual que se utilice, pero una fuente que es esencial aprovechar son los propios alumnos y lo que ellos sugieran. Se les puede pedir, por ejemplo, que durante unos días reflexionen sobre expresiones de este tipo que ellos o sus compañeros usan en su lengua materna o en español, y que las apunten. Posteriormente se recogen estas sugerencias, se discuten las versiones en español, y las seleccionadas se agregan a los carteles ya existentes.

La elaboración de carteles es normalmente un proceso gradual, por lo que nunca será necesario que el profesor invierta demasiado tiempo de una vez. Además el ideal es que la responsabilidad de elaborarlos se comparta entre los alumnos y el profesor. Por supuesto, algunos también pueden ser usados posteriormente en otros cursos.

Para que estos carteles resulten verdaderamente efectivos es importante establecer la regla de que los alumnos dirán siempre esas expresiones en español. Si alguien las dice en su lengua materna, el interlocutor (compañero de clase o profesor) indicará el cartel correspondiente y esperará a oír la versión en español antes de responder.

Este procedimiento muestra la ventaja de que cada expresión esté por separado en un cartel diferente, a su vez situado en distintos puntos del aula.

Comentarios

Con este tipo de actividades fomentamos el uso del español como segunda lengua en el aula. Los alumnos aprenderán las expresiones de los carteles como fórmulas, sin necesidad de explicaciones detalladas sobre la estructura gramatical de cada una. Sin embargo, su uso continuado en clase les ayudará a interiorizar las estructuras representadas. Tendrán así, unas «frases ejemplo» a su disposición cuando esas estructuras se traten en clase explícitamente.

Esta es una de las muchas formas de fomentar la responsabilidad de los alumnos frente a su propio aprendizaje.

LOS ESPACIOS DE MI CLASE

Jimena Fernández Pinto

Clasificación

Apartado: Paredes

Nivel: A2 Plataforma (Inicial)

Destinatarios: Niños

Tipo de agrupamiento en clase: Toda la clase

Preparación

Tiempo de preparación: 10 minutos

Recursos: Tarjetas

Duración de la actividad en clase: 60 minutos

Descripción

La actividad que se presenta a continuación puede llevarse al aula los primeros días del curso y puede utilizarse para establecer las normas de la clase que estarán vigentes durante todo el período escolar.

Pide a tus estudiantes que te digan todo lo que se hace habitualmente en clase y escríbelo en la pizarra, por ejemplo: *aprender gramática, dibujar, charlar, discutir, leer, escribir, escuchar, hacer ejercicios, pensar, repetir, proponer ideas, aprender vocabulario, conocer verbos, trabajar la ortografía, descubrir estructuras, tomar decisiones*, etc. Puedes aprovechar este momento para introducir léxico nuevo.

Distribuye a continuación las tarjetas de colores que antes habrás preparado para que los alumnos escriban en ellas la información que habéis apuntado en la pizarra. Procura que anoten informaciones distintas en las tarjetas y presta atención al trabajo de los estudiantes para que no cometan errores al escribir. Déjales que adornen las letras e incluso incluyan algún dibujo si así te lo piden.

Por último, entre todos tenéis que decidir cómo distribuir y colocar en las paredes de la clase las distintas tarjetas, de tal manera que queden establecidas las diferentes zonas de trabajo. Así, por ejemplo, habrá una zona para escuchar donde también estarán las tarjetas de *canciones* y de *charlas*. Pero la tarjeta *canciones* también podrá aparecer en la zona destinada a *hablar* y *cantar*. A medida que se vayan decidiendo estas zonas, pegarás las tarjetas en la pared.

Comentarios

Esta actividad se realiza con niños desde los siete años. El vocabulario podrá ser más específico de acuerdo a la edad de los alumnos.

Conviene realizar esta actividad en los primeros días de clase como parte del establecimiento de normas y de la construcción del grupo, aunque también puede desarrollarse con un grupo de nivel inicial a mitad de curso.

Puedes aprovechar la distribución de los distintos espacios en la clase si llevas a cabo trabajos que desarrollen la autonomía del estudiante, pues esta estrategia puede potenciarlo.

Si tienes reuniones con los padres, puedes hacer una en la que esté presente también el niño que explicará todas las actividades que se llevan a cabo en los distintos rincones de la clase.

La actividad también puede ser adecuada para realizarla con jóvenes y adultos, principalmente en clases privadas ya que la definición del espacio ayuda a distribuir la tensión entre los únicos dos protagonistas de este tipo de clases.

NO TE PIERDAS,
LO NUEVO ESTÁ A LA IZQUIERDA

Chus Quiñones Calonge

Clasificación

Apartado: Pizarra

Destinatarios: Profesores

Tipo de agrupamiento en clase: Toda la clase

Preparación

Tiempo de preparación: Ninguno

Recursos: Ninguno

Duración de la actividad en clase: Una sesión

Descripción

Cuando llegues a clase dibuja una línea vertical en la parte izquierda de la pizarra, allí es donde irás poniendo las palabras nuevas que vayan surgiendo, siempre en el mismo color y escribiendo en columna. Cuando el espacio esté lleno, podrás borrar las palabras de la parte superior y escribir otras nuevas.

De esta forma tus alumnos identificarán rápidamente dónde está el léxico nuevo y no se perderán en el caos en que muchas veces se convierte la pizarra.

Al final de la clase se pueden dedicar cinco minutos para repasar estas palabras y favorecer su memorización.

Comentarios

Los alumnos pueden hacer lo mismo en sus cuadernos. Esto les permitirá saber el léxico nuevo que aprendieron en cada sesión asociado a determinados contenidos, y organizar mejor su cuaderno.

ÍNDICE DE ACTIVIDADES

Y AUTORES